今を生きる思想

ミシェル・フーコー

権力の言いなりにならない生き方

箱田 徹

現代新書
100
HUNDRED

講談社現代新書

2690

はじめに

社会が変わるとき

二〇〇七―〇八年の米国のリーマンショックをきっかけとした世界的な経済危機以降、世界は大きな変革の波に覆われている。そのひとつ、中東やヨーロッパなど各地で展開した「広場革命」と呼ばれる動きは、内容や方法はさまざまでも、既存の体制に異議申し立てをする点で共通しており、いくつもの国で政権交代を生じさせた。また、二〇一八年にスウェーデンで当時一五歳のグレタ・トゥーンベリがひとりで始めた「気候ストライキ」は、またたくまに世界的な動きとなり、産業革命以後の世界の平均気温上昇を一・五℃未満に収めるという目標の死活性について、世界的な関心を高めることに大きく貢献した。

社会が大きく動くとき、そのきっかけはしばしば、人びとが何かを積極的にしないこと、いつも当たり前のようにして行われていることを拒むことにある。広場革命にも気候ストライキにもそうした側面がある。この「拒否」という態度の力強さは、誰もがある程度はわかっているが積極的に目を向けようとはしないことについて、それはおかしいと言い切り、否を突きつけるところにある。そうした振る舞いは、それまで当たり前だと思われていたこの世界の日常から自明性を剝ぎ取るからだ。

いままでの当たり前が当たり前ではなくなること、その効果は、絶対性や無謬性を誇っていたシステムが、実際にはぼろぼろの土台にかろうじて支えられているにすぎないことをあらわにするだけではない。そうした場面を目の当たりにした私たちにたいして、不可能と思いこんでいたことがじつは可能であって、そのリアルな可能性こそが、あらたな時間と空間を切り開き、別の世界をイメージし、作り出していく手立てとなることを見せてもくれるのである。

そのような衝撃的な契機こそが歴史と社会を動かしてきた。私たち一人ひとりも、数々のドラマチックな出会いや経験を通してみずからの生を切り開きながら暮らしている。いわゆる社会的な事件にとどまらず、私たちじしんに強くはたらきかけるそうした機会を、現代思想では「出来事」と呼ぶこともある。

私たちは、個人としても社会のメンバーとしても、さまざまな出来事を経験し、みずからのうちに起きる変化を感じながら生きている。では、社会における私たちのそうした主体的な変容はどのように捉えればよいのだろうか？　思想史で言えば、社会を批判的に考えるという営みは、私たちがその一員とさせられているこの社会、広くは資本主義社会を理解すると同時に、みずからのあり方を理解することを通じて、この社会のあり方を変えようとする試みのことだ。それは、私たちと社会が「変わる」ことをめぐる問いでもある。

ミシェル・フーコー（一九二六―八四）の思想は、一九七〇年代以降の現代思想と批判的社会理論に大きな影響を与えてきた。ある出来事と関わるなかで、私たちの考え方や振る舞いはどう変わっていくのか？　そうした変化を促したり、阻んだりしているのは、どのようなシステムなのか？　そうしたシステム、他者、そして自己との関わりのなかで、私たちはみずからをどのような主体へと作り上げていくのか？　一九七〇年代後半から八〇年代前半の「後期」と呼ばれる時期を中心にフーコーが展開した思索は、こうした問いかけを通じて自己と社会のいまのありようを吟味し、その新たな姿を構想する手がかりを与えてくれる。

フーコーの特異なスタイル

フーコーは一九二六年にフランスのポワチエで生まれた後、四六年にパリ高等師範学校に進学する。五一年に教授資格試験に合格した後、文化使節としての海外赴任や国内外での教職を経て、七〇年にはフランスで最も権威があるとされる学術機関コレージュ・ド・フランスの教授に就任し、ＡＩＤＳ関連症候群で八四年六月に五七歳で亡くなるまでその職にあった。世界各地で講演やセミナーを行うなかで、七〇年代には日本を二回訪れている。

その思想家としての軌跡は、世界史的に見ると、第二次世界大戦後に生じた植民地解放のうねりと東西冷戦体制の始まりから終わりに重なる。先進国では、戦後復興にはじまる高度成長が終わり、一九七〇年代には低成長が常態化するなかで、新自由主義《ネオリベラリズム》が台頭する時期にあたっている。

この時代にはさまざまな思想潮流が出現した。世界のあらゆるところで生じた反乱や異議申し立てを背景にしつつ、それまでとは異なる、オルタナティブな理論と実践のあり方が模索されたのだ。一九六〇年代から八〇年代にかけての騒然とした時代状況は、フーコーの生き方や考え方の大きな背景をなしている。

フーコーは、戦後フランスの左翼知識人にはかなり珍しく、若いときからフランス共産党にも社会主義国家にも批判的だった。一方、一九七〇年代以降になると、囚人や同性愛者、東欧やソ連の反体制派・民主派支援、インドシナ難民救援などのさまざまな運動に関わっている。

そのスタイルには、既存の知のあり方を批判する独特なところがあった。フーコーは、知識や学問を携えている者の立場から「虐げられた人びと」の代弁をし、普遍的に法や正義を語るという伝統的な知識人のあり方を退けた。そして、その代わりに、当事者じしんが語ることを重視した。

たとえば刑事施設のひどい人権状況であれば、それを最もよく知る囚人が語るべきであって、その発言を妨げるしくみこそが問題だと考えた。一九七〇年代初めには実際にそうした活動に取り組み、実態調査や出版を通して、当の囚人が発した肉声をそのまま送り出す機会を作り出している。

その動きと連動するのが、沈黙が支配する現状に抗し、現場からの問題提起を行うことで、具体的に知や権力のありようを問う「専門領域の知識人」とフーコーが呼ぶ人びとの活動だった。フーコーの代表作『監獄の誕生』は、現代権力論の古典とされている。この本は、こうした動きを背景にし、とくに一九七〇年代前半に存在した監獄情報グループ（GIP）という歴史的な運動へのフーコーの直接的な関わりがあったからこそ成立したものである。

私たちはなぜこのような状況に置かれているのか

フーコーは時代の転換点に立ち会うなかで思索を広げた。ただし、社会や運動の要請に応えるようにして、なんらかの理論的な見通しや方針を示しはしなかった。社会を変えるために何がなされるべきか？　そうした意味での理論であれば、そうしたものを提示することはなかった。そうではなしに、私たちはなぜこのような状況に置かれているのか？　私たちは何に我慢できないのか？　何を耐えがたいと感じているのか？　そして、それをもたらす社会と思想のしくみやなりたちはどのようなものなのか？　そうした問いを歴史と現在のなかで捉えようとしたのである。

ひるがえって私たちが生きる二一世紀初頭の現状はどうだろうか。資本主義は今日も全力で歯車を回し続けている。経済格差の拡大はとどまるところを知らず、自然はあたかも無尽蔵で自己修復でもするかのように破壊され続け、温室効果ガスの排出量の大胆な削減はなされないままに時間が浪費されている。今日、日本でいう自然災害の深刻化は、地震を除いて、近代資本主義と富裕層がもたらした環境破壊と温暖化の人為的な結果であるのに、そうした認識はあまり広がっていないようだ（こうした現状認識が未来の読者にとって時代遅れとなっていることを強く望む）。

しかし、まったく希望がないわけではない。私たちの生はあらゆる場面ですでに十分に脅かされており、このまま放置すれば未来はない。だからこそ、何事もないかのように続くこの日常《ビジネス・アズ・ユージュアル》こそをどうにかしなければならないという切迫した危機意識が、さまざまなかたちで力強く噴き上げている。また、資本主義は構造的危機を引き起こし、人間にも生態系にも破局をもたらしているとの認識のもと、その現代的なあり方を総体的に捉え直そうという理論的な試みも積み重ねられている。フーコーの議論は、そのようにして理論的かつ実践的に捉えられた現在の社会《システム》のありようにたいして、主体がいかに関わるのかという問いを改めて提起するものとしても読むことができるだろう。

いまとは違った未来への主体的試み

自己は思うようにならない。後期フーコーが提示した統治論の基本的な土台はこうした認識にある。

ここでいう「自己」とは、みずからの振る舞いを「導く」とともに、他者からその振る舞いを導かれるもののことだ。みずからを導き、他者から導かれる運動が「統治」であり、その導きのあり方についての考察が統治論である。なお、第二章で述べるように、導き＝統治の主体と客体の大きさには限りがない。

自己と他者を導き、他者から導かれる主体は、自分も相手もまったくの思いどおりにすることはできない。他者については言うまでもない。他方で、自己にとって、みずからもまた導きの対象だ。自己を導くこと、自己を統治することはきわめて難しい。私たちは自分じしんの精神も身体も思いどおりにすることはできない。むしろそうしようと試みることで、自己はみずからのままならなさを知ることになる。

ただし、そのことそのものは悪いことではない、とフーコーなら付け加えるだろう。むしろ、こうした事実から出発してこそ、自己はみずからをどのように導き、統治するのか、という問いが成立するからだ。これが第二章以降で扱う「自己と他者の統治」にまつわる問題である。

導きと統治の問いは権力とも深く関わる。権力は他者の振る舞いを導くことに関わるからだ。第一章で見るように、フーコーのいう「権力」は一般的な意味とは異なる。それは、所有の対象でもなければ、それを使えばみずからの思うとおりに相手の振る舞いをすべて強制的に決定できるようなものでもない。権力とは行使されるものであり、いわば流動的な関係のことだ。そこでは、すべてのものの振る舞いが一方的かつ全面的には決定されておらず、つねに一定の自由と選択の余地が存在している。こうした権力関係における自己と他者の関係は、統治と導きの関係とパラレルである。

自己はこうした他者との関係、みずからをとりまく権力関係のなかにつねに身を置くと同時に、みずからをどう導くかという問いにつねに向き合う。自己は自己を導き、他者から導かれ、他者を導くという三重の関係のなかにある。このような自己と他者の導き＝統治の関係を生きることが「主体化」と呼ばれる。

人は権力関係のなかにあって主体になる。ただし、それは主体でないものが主体になって終わりという一回限りのことではない。私たちは主体になるという終わりのないプロセスを生きる。つねに変化のただなかにある主体化の作用によって主体は絶えず生み出される。フーコーふうの言い回しを使えば、主体は存在しないがないわけではないのである。

さらに言えば、自己はなんらかの「ほんとうのこと」(真理あるいは真実)を通して、みずからと関係を結んで主体となる。フーコーの議論では、この「ほんとうのこと」は大きく二つに分かれる。人を個体かつ集団として扱うことから生まれ、それに基づいて人の行動を制約し、方向づけようとし、人を従属させる真理と、人の現在のあり方を変えることを通して人を自由にする真理である。

したがって、主体化もまた二種類に分かれる。従属的な主体を生み出す主体化と、自由な主体を生み出す主体化である。前者は権力論の文脈では「臣従化」と呼ばれている。というのは、「主体」という語には、なんらかの動作の積極的な担い手である主体という意味と、君主に支配される臣下として支配に受動的に従属するという二つの意味が重なり合っているからだ。

*

本書は、一九七〇年半ばから一九八〇年代にかけてのフーコーの思想を権力論から統治論への展開として捉える。そして、権力をめぐるフーコーの議論のポイントを明らかにしたうえで、権力論が統治と主体という概念を組み込んで大きく展開していくようすを描き出す。この統治論では、主体がいかに作られているのかという問いは、主体がいかにみずからを変えるのかという問いと一体不可分のものとして考察されている。社会と自己を説明することと、それを変えることとはどういう関係にあるのか？　この古典的な問いに改めて取り組むことで、フーコーの統治論は私たちが現代社会を考えるにあたって大きな示唆を与えてくれるのである。

本文に入る前に、各章の大まかな内容を見ておこう。後期フーコーの統治論は、権力論を大きく展開させることで成立した。したがって、第一章では、権力は人びとが語ることを促すことによって動作し、人びとを権力関係のなかに捉えていく、というフーコー権力論の基本的なイメージを示す。キーワードは、封印令状、パノプティコン、規律、生政治である。

第二章では、司牧と統治、自己への配慮がキーワードになる。西洋近代に特徴的な権力のあり方をキリスト教の「導き」の「世俗化」として捉えたことが、フーコーが権力論を「統治」という大きなスケールで展開するようになったきっかけであることを示す。この統治という概念は、古代ギリシア・ローマの「自己への配慮」の問いへとつながり、さらには「自己と他者の統治」という統治論の大きな枠組みをかたちづくるのである。

一九七〇年代後半のフーコーは、西側先進国社会の社会統制のあり方が大きく変わっているという感覚のもと、権力論の手法を西洋近代国家の統治技術＝統治性の分析に適用した。第三章では、市場、介入、企業、競争をキーワードにして、フーコーの統治性分析を概観する。とくに、戦間期に登場した新自由主義が、個人を「ひとり企業家」にしたうえで、完全競争市場というフィクションを原理として社会に介入することを指摘したフーコーの議論を見ていこう。

最後に第四章では、統治論が「対抗導き」という着想をもとにして、オルタナティブを求める自己の統治の可能性を探るものであることを明らかにする。この対抗導きとは、権力関係のなかでの「抵抗」を超えた、既存のシステムへの反乱であり、新たな導きの模索を通して、未来を形づくろうとする主体的な試みである。そうした問題設定があってこそ、この社会を支えているシステムへの客観的な把握と批判は、私たちにいまとは異なる別の世界を見せてくれるものになるだろう。

目次

はじめに ―――― 3
社会が変わるとき 3
フーコーの特異なスタイル 5
私たちはなぜこのような状況に置かれているのか 7
いまとは違った未来への主体的試み 9

第一章 権力は誘惑する――権力と主体の生産 ―――― 17
権力とは関係である 18
一九六〇年代の騒然とした時代から生まれた権力観 20
権力は話すことを促す 23
パノプティコンと従属的な主体の生産 27
権力の類型と主体の生産――主権vs.生権力＝規律＋生政治 31

第二章　魂をどのように導くか
――規律的な導きから自己と他者の統治へ――　37

規律のはじまりとしてのキリスト教　38
求道者の導きから他者の導きへ　41
司牧権力と他者の統治　44
他者による導きから自己と他者の統治へ　47
自己への配慮と自己の統治　51
主観的な真理による自己の構成　54

第三章　人はみな企業である
――新自由主義という新たな統治性――　59

一九七〇年代後半の統治理性の転換を捉えようとしたフーコー　61
国家による自己統治としての人の統治　63
自由主義は真理陳述の場としての市場を作り出し、統治を自己制限する　66

新自由主義は完全競争を理念として社会に介入する　69
経済主体は変容する――交換から競争へ、商人から企業へ　72

第四章　ほんとうの生を生きる――対抗導きと集合的主体　77

自己の統治と他者の統治が入り乱れる自由な統治空間　78
対抗導きと終わりのない司牧　81
このようには統治されない技術としての批判　86
パレーシアから対抗導きへ　90

読書案内　99

おわりに　103

第一章　権力は誘惑する

——権力と主体の生産

後期フーコーの主体論は、権力論の構想とともに練り上げられていった。そこで本章では、フーコーが権力概念をどのように捉えていたのかを、時代背景も含めて整理しておきたい。

権力とは関係である

フーコーの『監獄の誕生』（一九七五年、以下すべて原著の出版年）と『知への意志』（一九七六年）が今日も読まれる大きな理由は、権力概念についての斬新な見方を提示したことにある。

権力という概念の定義はさまざまだ。とはいえ、この言葉は多くの場合、ある個人なり集団が手持ちのリソースを用いることで、その目的や意志を実現できる能力を指している。では、政治学や社会学でいう「国家権力」はどうだろうか。これによれば、国家は、警察や軍隊などの「暴力装置」を有しており、その警察力や軍事力を使って、国境内部の個人や団体にたいして、法に則った、あるいは為政者の意に沿った行動を、たとえ当人たちが望まないものであっても、その意志とは無関係に強制できる力をもつ。したがって国家権力は、こうした能力を発揮する制度、すなわち国家機関や暴力装置に体現されていると考えられる。こうした権力観によれば、「権力」とは、上から下へと垂直的に行使されると同時に、機関《インスティテューション》や制度という具体的なかたちをとって、実体的に存在するものである。フーコーはこうした権力観をきっぱりと退ける。『知への意志』にはこう書かれている。

権力とは、制度でも、構造でも、ある人びとに備わる力のことでもない。ある社会における、複雑に入りくんだ戦略的状況のことなのだ。

権力とはある人や組織に属したり、所有されたりするものではなく、なんらかのかたちを伴ってどこかに存在するものでもない。権力とは、なんらかの振る舞いをする複数の行為者のあいだに、ありとあらゆるところにさまざまなかたちで見いだされる。このように、実体ではなく関係として権力という概念を定義し直してはどうか、とフーコーは提起したのだ。

相手の振る舞いを自分の思いどおりに左右できる能力や権限が権力なのではない。自己と他者がなんらかの関係をもち、お互いの振る舞いに影響を与え合うとき、そのような「パワーゲーム」ではたらいているものこそが権力だ。権力とはどこにでも見いだされる、非対称だが、固定されてはおらず、いつでも反転する可能性をもつ関係のことだ。こうした観点に立つ権力論が「ミクロ権力分析」と名づけられたのである。

フーコーは、ふつう権力や支配ということばで考えられている事象や概念について、国家や資本といった大きな枠組みに重きを置いて考えるだけでは不十分だと論じた。そして、日常生活のすみずみで日々作用している、国家や資本に比べれば、スケールの面では「小さな」ことがらに照準をあわせて考察することを提案する。権力についての議論をマクロな視点からミクロな視点に移すこと、大文字の権力ではなく、複数形の権力に目を向けることでこそ、近代社会の特徴が明らかになると考えてのことだった。

一九六〇年代の騒然とした時代から生まれた権力観

フーコーの権力論が生まれ、広く受け入れられた大きな背景には、一九六〇年代後半から七〇年代前半にかけての騒然とした時代状況がある。

第二次世界大戦が終わってから間もない世界にあって、共産党は左翼運動に絶大な影響力を有していた。ファシズムや軍国主義に抵抗した唯一の政党を名乗り、それが受け入れられたためだ。しかし、戦後世界の動きはただちにその「神話」を乗り越える。アジア・アフリカ・ラテンアメリカでの植民地解放の動き、フルシチョフによるスターリン批判とハンガリー侵攻、またキューバ革命に代表される途上国での社会主義革命によって、各国共産党の権威は相対化された。党の方針や教えに公然と異を唱え、そこから外れていく動きは次第に勢いを増していった。人数的にはさほどではなかったとしても、時代の雰囲気を作り、新たな思潮を切り開いていったのは、そうした人びとやグループの思想と行動だったのである。

こうして台頭したのが、「ニューレフト」と呼ばれる左翼の社会運動だ。ニューレフトの流れに属する、あるいはそこから出てきた人びとやグループの一部からは、時代を画する注目すべき方向性が出てきた。かれらは、既存の政治運動から引き継いだ資本主義批判というマクロで「メジャー」な課題と、今日の表現で言えば、人種、エスニシティ、先住民、障害、ジェンダー、セクシュアリティ、エコロジーといったミクロで「マイナー」な課題とを結びつけたのである。そして、国家がひいては世界が資本主義から社会主義へと移行すれば、あらゆる不正義や不平等は解決されるのだという、教条的なマルクス主義の教義を、みずからの現実に照らして退けていくことになる。

当時の女性解放運動や同性愛解放運動を例にとってみよう。日本でも世界でもウーマンリブがそうだったように、フランスでも一九七一年に結成されたＦＨＡＲ（革命的行動のための同性愛者戦線）には、当時の運動のなかで女性や性的少数者の問題がほとんど扱われないことに不満を抱いた左翼活動家が多数参加していた。社会主義革命が成功したあかつきには、女性や性的少数者といったマイノリティが解放されるというのなら、いまここにある抑圧的な状況はいったん脇に置いて、いつ訪れるかもわからない革命まで、党や組織の言うことに従い続けなければならないのか？　社会一般だけでなく、党や運動体、労働組合に、また人間関係のなかに根深く存在し、私たちが日々直面させられている女性差別や同性愛嫌悪はなんだというのか？　私たちはそうした権力をこそ告発し、それに対峙する。私たちがどのように生き、どのような解放を目指すのか、どのような問題が「些細」なことで、そうでないのかは私たちが決めることだ、そこにこそみずからの近代批判があり、資本主義社会批判がある、と考えたのだ。このように提起された問題の大切さは、それが半世紀後の現在も議論されていることからもわかるだろう。

こうした人びとや組織は、自分たちの提起する個々の課題には固有のアプローチがあると考え、既存の政党や運動組織の方針に飽き足らず、独自の運動のあり方と思索を模索し、実践した。こうした運動はやがて、たとえばセクシュアリティやエスニシティといった特定の課題《イシュー》、とくになんらかのアイデンティティや、それを基盤としたコミュニティにフォーカスすることで、シングルイシュー型の新しい社会運動と呼ばれ、従来からの労働組合や政治党派による旧い社会運動と対比されて語られるようになる。本書「はじめに」の最後で触れた「導き」という言葉を用いるなら、一九五〇年代後半から七〇年代にかけて、既存の政治集団やさまざまな運動体の「メジャー」な導きの旧態依然ぶりにうんざりした人びとは、みずからを別のかたちで「マイナー」に導くことを選択したのである。

権力は話すことを促す

フーコーの権力観はこうした運動のうねりと共振している。とはいえ、そこに見られる権力観には批判的な距離をとった。

フランスでは、労働運動や学生運動の高まりを背景として、一九六八年の春にはゼネラルストライキが起き、街頭行動には全国で数百万人が参加した。このフランス史上最大級の社会反乱は「六八年五月」(いわゆる「五月革命」)と呼ばれる。当時の代表的なスローガンのひとつは「禁止することを禁止する」だった。

権力をなにごとかを禁ずるものとして捉え、その禁止の命令に逆らうことによって、権力による束縛を受けない状況を作り出そう、そうすることで私たちは自由になれる——こうした考え方は当時も根強くあった。権力とは、なんらかのことを命じる一種の「法」(政府が定める法律の意味に限らず、宗教上の掟、精神分析が考える無意識の法といったものまで広げて考えてよい)であるのだから、その法の命令への「侵犯」が権力への抵抗である、というわけだ。理論と実践にまたがるこうした主張を、フーコーは厳しく問いただした。

ミクロな闘いに転じたところで、権力を禁止や抑圧、そしてそこからの解放という観点から捉えているかぎり、新たな方向性は出てこない。なぜなら、権力は何かをするなと命じるのではなく、むしろ何かを行うように仕向けているからだ。「権力」とは、禁じるものではなく生み出すものであり、これ以上話すな、黙っておけと命じるのではなく、もっと話してほしいと促す。つまり、権力の主要なはたらきとは、何かを禁止することではなく、生産することにこそある。したがって、権力から自由になることなどありえない。これが次章以降で取り上げる、キリスト教由来の司牧権力論を大きな軸とした、フーコーの権力論の重要なポイントである。

こうした着想の源のひとつが、『狂気の歴史』の時点からフーコーが取り上げてきた「封印令状」という制度である。フランス革命前の旧体制期に存在し、国王の名前で発出されたこの文書によって、行政は個人の収容や追放とともに、個人に直接的な行動を命じることができた。たとえば、フランス革命の際に民衆が襲撃したことで知られるパリのバスティーユ監獄はその主な収容先だった。

一七世紀以降に広く用いられたこの制度は、王権の恣意性や司法を無視する絶対性の象徴として反国王勢力から強く批判され、フランス革命直後の一七九〇年には廃止されるに至った。いわゆる絶対王政下で行使された主権的な権力の典型例として見なされていたのだ。

しかし、フーコーはこの制度を「古めかしい」とする見方を退ける。そして、ここには近代権力が社会のなかに細い管のように張り巡らされて機能するプロセスが特徴的に表れていると論じた。封印令状についての考察は、権力は上から行使されるものではなく、下から作り出されるものなのだというフーコーの見解を練り上げるうえで、重要な契機となったのである。

この制度は、ある個人や集団が、手を煩わせる個人の処分を国王に願い出るという形式で「ポリス」(国の内政全体を統べる行政部門の名称)に提出され、調査のうえで訴えが認められれば、主権者である国王の命としてその要請が実行されるというものだった。しかし、当時の王権や行政は、気に入らない人間を一方的に罰するために、恣意的に権限を行使するのでもなければ、要請に基づいて機械的に命令を発出していたのでもない。市井の人びとの要請について、訴えが正当なものであるかどうかを調査によって確認し、所定の手続きによって権限を行使していたのである。

監獄への収容というと、よほどの重罪人ではないかと思われるが、そんなことはなかった。記録によれば収容者の大半は有名人ではなく庶民であり、家庭内や親族間のそこまで深刻ではない理由によって、人びとは期限の定めなしに、ときには死ぬまで閉じ込められたのである。

封印令状は、当時王政を批判した人びとが好んで形容したような「専制的」なものではなく、むしろ「合理的な」統治のしくみに組み込まれた制度であり、庶民の社会的な要請に基づいていたとフーコーは言う。そして、人間を施設に長期間収容するという一般的でなかった実践を、司法の枠組みの外で、行政的な措置として確立する。行政からすれば、法的な基準ではなく、それを参照するみずからの判断で住民生活に直接介入する手段が与えられたことになる。

権力は人びとを上から無理矢理押さえつけるのではなく、人びとによって下から呼びよせられることで、人びとに直接作用する。近代権力の合理的な特徴がこのようなものである以上、禁止や抑圧を軸として権力を法のモデルで考えることは的外れであり、そうした見方に基づく理論も実践も根底から見直されなければならない。したがって、権力を解体するということもまた難しいのではないか、とフーコーは問いかける。

権力の解体は、おそらくいともたやすいことだろう。それが監視し、見張り、見破り、禁止し、罰するだけならば。だが権力はそそのかし、かき立て、生み出す。権力は目と耳であるだけではない。行動させ、語らせるのだ。

権力は人びとの外部に存在し、その挙動を監視するだけではない。人びとの何気ない日常へと浸透し、みずからについて語るよう促す。そしてそこで生み出された「データ」を元にして、人びとをいっそうの管理下に置くのだ。

たとえば、二一世紀初頭のGAFAM（Google, Apple, Facebook, Amazon, Microsoft）のような存在を考えてみよう。グローバルに寡占化したビジネスを営むこうした企業は、アプリケーションやサービスを無料または格安で提供し、ユーザーを囲い込んで利用を促す。そして、そこから採取したデータを処理・販売したり、マーケティングに用いたりして巨額の利益を生み出している。かつてなら莫大なコストをかけても得られなかったプライバシーに属するデータは、ユーザーの積極的な同意と参加によって、ほとんどコストをかけずに企業のものとなるのである。

ただし、この「語る」という主体の力は権力を招き入れる方向にだけはたらくわけではない。そのことには後の章で戻ってこよう。

パノプティコンと従属的な主体の生産

フーコーにとって主体とは「なるもの」である。国家は存在しないがないわけではない、国家化のプロセスだけが存在する。フーコーはかつてこう述べたが、主体についても同じことが言える。どんなときも変わらない普遍的な存在として、行動や思考の単位とされる同一性を備えた主体ではなく、つねに主体になっていくプロセスの途上にある主体、フーコーの統治論が考察するのはこのような主体である。

第二章で述べるように、フーコーはこうした見方を「統治」をめぐる議論で明らかにしている。このプロセスは権力論との関係で、二つに区別される。ひとつは「臣従化」、もうひとつは「主体化」である。主体化については第二章以降で取り上げるとして、ここではまず臣従化について簡単に整理しておきたい。

「臣従化」とは、権力関係のなかで人が従属的な主体として生み出され続けていくプロセスのことだ。フーコーは『監獄の誕生』で「パノプティコン」(一望監視)という建築コンセプトを取り上げ、産業社会において人間集団が監視され、個人が主体として従属的に生産されるプロセスを示すモデルと論じた。パノプティコンでは、建物の中央に独立した監視塔があり、監視塔と向き合う面をガラス張りにした独房が円形に配置されている。

このシステムは、一八世紀末に英国の哲学者ジェレミー・ベンサムによって、弟のサミュエルがロシア海軍で労働者管理のために考案したアイデアを元に構想されたとされる。ベンサムは、このモデルが救貧院から学校、作業場まで、集団の監視が必要な収容型施設に適用できると説いた。じっさいパノプティコンは、その後の刑務所の設計に大きな影響を与えている。

そのしかけはこうだ。監視塔には終日灯りがともされているが、そこに看守がいるかどうかは独房の囚人からはわからない。他方で囚人には特定の振る舞いが課せられており、監視塔に背を向けるなどの命令違反が確認されれば懲罰の対象となる。もちろん、見張りはいないこともあるので、規則に違反をしても罰せられないこともある。しかし、見つかったときのことを考えれば、規則をつねに守らないわけにはいかない。そして囚人はみずからすすんで規則に従うことを学ぶ。

パノプティコンにおける看守と囚人のあいだには、まなざしをめぐる一方的な関係がある。監視される側は、処罰を恐れて、自分からは見えることのない監視する側の視線を内面化し、規則をつねに遵守するようにみずからを訓練する。監視する側にしてみれば、最小の政治的リスクと経済的コストで、監視する側の内面に新たなマインドセットを作り出し、規則に積極的に順応し、すすんで従順に振る舞う主体が生み出されるのである。

まなざしが消えるこのシステムは、人どうしのつながりを断ち切って孤立させ、集団として行動することを防いだうえで、一人ひとりを個別に効率的に管理統制するしかけなのだ。しかも、この臣従化作用は一度きりのことではない。監獄の囚人が収容されているあいだひたすらそうするように、日常的に繰り返されるプロセスとして実行される。そして個人の生のあり方に大きな作用をおよぼすのである。

たしかに、パノプティコンという建築モデルそのものが近代社会に満ちているわけではない。しかし、このモデルが象徴する「監視と処罰」――『監獄の誕生』の原題はこうだ――にまつわる、見る側と見られる側のまなざしをめぐる非対称的な関係性は、大勢をひとつの場所に集めて、特定のことがらに最適化させるように訓練するという、近代社会に特徴的なさまざまな場面で目にすることができる。兵舎、作業場、学校がフーコーの挙げた代表例だった。

現代の日本に住む人びとにとって事情はさらに込み入っているかもしれない。幼稚園や保育園、小学校から中学、高校、大学、会社や事業所、病院、高齢者施設、すなわち「ゆりかごから墓場まで」、私たちは社会生活のかなりの部分をなんらかの施設で過ごしている。監獄や収容をめぐるフーコーの議論は、私たちが当然と考えている生活様式が歴史的なものであることを改めて気づかせてもくれるだろう。

フーコーはこうした権力のあり方を、法による命令とそれへの侵犯を中心に、ある種の絶対性をもったものとして権力を考える、主権型の権力モデルと対比させている。「主権」は、世俗国家では国王や国民といった「主権者」が所有し、行使するものとして捉えられている。しかしパノプティコンのモデルにはそのような権力の中心がない。まなざしをめぐる関係性のなかで権力はたしかにはたらいているが、所有者もいない。「看守」は誰でもよければ、何もしなくてもよく、不在でも構わない（誰でもここに立ちさえすれば、まったく同じ権力を行使できるのだから、このシステムこそが民主的だとすら言うこともできるだろう）。しかし「囚人」はみずからをすすんで躾ける。従属的な主体は命令による強制ではなく、自発的な意志によって絶えずみずからを馴化していくのである。

権力の類型と主体の生産――主権vs.生権力＝規律＋生政治

フーコーが権力概念を論じるにあたり、封印令状やパノプティコンを持ち出したねらいは、このようにして「主権」とは異なる権力のイメージを描き出すことにあった。主権が機能する究極の理由は、臣民ないし市民としての個人から、国家の名で生命を含めたあらゆるものを奪うことにある。そのことは、専制国家でも民主主義国家でも同じことだ。たしかに王が死刑を命じるのか、裁判所が法律に基づいて死刑なり終身刑を宣告するのかの違いはあるが、主権者が個人の生殺与奪の権利を握っていることに変わりはない。主権は人を殺すという物理的な暴力によって担保された権力である。

しかし、一七世紀以降、主権国家体制が確立するヨーロッパでは、国力の増強と増加する都市人口の管理が課題となるなかで、人びとがどう生きるかに強い関心が示されるようになり、さまざまな介入が始まる。フーコーは、人間の「生」を個人かつ集団として管理統制するために用いられる知と技術の複合体（「権力‐知」と呼ばれる）を「生権力」と名づけた。

この生権力は二つの権力技術のもとで展開する。ひとつは「規律」であり、もうひとつは「生政治」（あるいは「調整」）である。規律は「人間身体への解剖政治」と、また生政治は「種としての人への生政治」と言われた。どういうことだろうか。

「規律」は、個人に直接的にはたらきかける権力技術だ。近代社会は、人にある時間と空間のなかで一定期間を過ごし、かなり特殊な動作を繰り返して行い、その動きを最適化するように人びとに求める。工場のような生産現場でも、学校でも、軍隊でも同じだ。私たちは身体への訓練を通してその場で役割を果たすにふさわしいものへと生産される。たとえば労働者、児童生徒、兵士という役割を果たす主体に「なる」。

人は収容されることによって集団に属し、資本主義社会を担う主体として日々再生産されている。そこでルーチン化されている動作の「不自然さ」は、今日でもあらゆる労働現場で心身のトラブルが発生し続けていることからわかる。一般的に言えば、個人の身体を機械とみなしたうえで、その力を最大化させ、最大限の効果を得ようとするのが規律である。

これにたいして「生政治」は、人間集団に間接的にはたらきかける。ただし、ここでいう人間集団とは、意志や権利の主体としての「人間」の集まりのことではない。生命体としての「ヒト」の集まり、あるいは個体群《ポピュレーション》としての人口＝住民のことである。生政治の目的は、集団の健全性を上昇させることにある。そしてそのために、一九世紀に本格化した統計学や医学、生物学、公衆衛生学の知見と技術を駆使し、さまざまな施策によって住民の「環境」へと介入する。たとえば出生率の上昇、平均余命の向上、伝染病や感染症のリスク管理を行うこと、また労災保険の創設、貯蓄制度の整備、住環境の改善がそれだ。

こうした介入は、人間という生物集団に一定割合で生じる不測の事態への対処策を用意するとともに、住民に「よりよい」生を提供するという意味で、生政治的だ。ただし、その「よさ」は人口を管理する側が一方的に望ましいと考え、定めたものだ。そのスタンダードを外れてしまうと、生きづらさはとたんに増すのである。

そして、規律と生政治との組み合わせとしての生権力は、「ノーマル」な状態を確保するために個人と集団とに介入する。規律は、個人の身体を「ふつう」に振る舞う、スタンダードで「健全な」身体へと作り変えようとする。他方で生政治は、統計的に得られた標準値に従って集団全体の偶然性《リスク》を管理し、相対的に「健全な」集団づくりを目指す。

フーコーがセクシュアリティへの生権力的な管理を絶えず問題にしたのは、人間の生と生殖にかんするエネルギーをどのように管理すれば最大限に活用できるのか、という近代資本主義国家の関心事が端的に表れているからでもあった。たとえば、核家族化した近代家族は、労働者の日々の、また世代間の再生産の舞台であり、夫婦や子どもの性的活動《セクシュアリティ》の管理にとって時間的・空間的に主要な役割を果たしている。

他方で、フーコーは、主権と生権力は相互に排除するものではなく、近代社会において複層的にはたらいていることを指摘する。そのことは、二〇二〇年冬以降の新型コロナウイルス感染症パンデミックに伴う世界各地での対策が、ロックダウンや国境封鎖まで、感染についての「ゼロ・トレランス」を目指す主権的な手法から、感染の拡がりは「ある程度はしかたない」という疫学的な認識を土台とし、ワクチン接種と段階的な行動規制を組みあわせた生権力的な手法とを取り混ぜていたことにも見てとれるだろう。

＊

議論をまとめよう。権力の主要なはたらきとは、ある振る舞いを禁止したり抑圧したりするのではなく、個人と集団にはたらきかけて、一定の振る舞いを課したり、促したりするところにある。このとき主体は、上から抑圧されることによって形成されるのではなく、行為するよう促されることによって、下から従属的に形成される。歴史的に言えば、法による統治が実現された近代主権国家体制では、法を軸とする主権権力ではなく、人間の生老病死のコントロールに関心をもち、個人を規律的に、集団を生政治的に管理統制する生権力が大きな役割を果たす。主権はそのなかで改めて統治の問題に組み込まれるのである。

フーコーはこうした権力論を構想するうえで、キリスト教が果たした役割に注目し、そこから権力論を他者の統治論として一般化させ、さらに自己の統治論と主体論へと向かう。このプロセスを次の章で見ることにしよう。

第二章　魂をどのように導くか

——規律的な導きから自己と他者の統治へ

第一章で見たように、フーコーは西洋近代に特徴的な権力の主要なはたらきを、人間になんらかの活動を促すことを通じて、その振る舞いを管理統制《コントロール》することにあると考えていた。それを担う「生権力」はさまざまな知と技術を用いて、個人としての人間と集団としてのヒトに働きかける。人間に全体として、また個別に働きかける権力のありようを、フーコーは「司牧権力」と呼んでいる。

しかし、ヨーロッパ世界では、宗教改革と三十年戦争を経て、社会を統治する権力の中心が次第に「世俗化」していく。王権の教権にたいする優越が進み、教会財産が売却され転換される一方で、最先端の学知が国力の増強のために積極的に推進され、現場に投入されていく。エミール・デュルケームやマックス・ヴェーバーといった古典社会学者は、理性と啓蒙の力を背景にした近代をそうした脱宗教の時代として描き出した。そうしたなかで、近代権力の特徴をキリスト教の用語である「司牧」を使って形容するフーコーの手法には少し変わったところがないだろうか。本章では、フーコーがキリスト教を参照軸としながら主体概念をどのように展開させていったのかを見てみよう。

規律のはじまりとしてのキリスト教

第一章で触れたパノプティコン、そして規律権力による従属的な主体の生産について、フーコーは一九七三／七四年度のコレージュ・ド・フランス講義『精神医学の権力』（二〇〇三年）と『監獄の誕生』第三部で、その祖型が中世キリスト教の改革運動に遡ると論じていた。キリスト教は中世から近代に至るまで何度も内部から刷新の動きが生じた。そうした運動のひとつの核となったのは修道会だった。

フーコーは、一〇世紀初めに生まれたクリュニー修道会、それを批判して初期修道制への復帰をめざして一一世紀末に創設されたシトー会、またその後に登場する信仰革新運動に注目する。こうした改革の動きでは、戒律に基づく禁欲主義的な務めが重視されていた。修道士たちは厳格な階層制構造をもつ修道院のなかで、上長らの絶えざる監視と監督のもとに置かれる。かれらは一定の規則に従ってみずからの行動を律するよう求められ、それに従わなければ段階的な制裁を受けた。

こうした改革の動きは、キリスト教のあり方を内部から変えただけではない。従属的な主体を作り出すことによって、修道院や教会の壁を越え、西洋近代の社会全体に広がる規律装置を整備することになったと、フーコーはキリスト教の歴史をみずからの議論に引きつけて論じている。そして、一九七〇年代末以降になると、初期キリスト教から中世初期のキリスト教において、平信徒だけでなく、とりわけ修道制における修道士の生き方がいわばひとつの技法《テクニック》として考察され、教義上の問題とともに展開していくようすをたどることになる。

とくに、個人の身体を規律化する技術のひとつのかなめである「訓練《エグゼルシス》」について論じるフーコーは、その来歴が「おそらく宗教にあるだろう」として、信仰革新運動の中心人物の一人であるフローテが一四世紀後半にネーデルラントに設立した共同生活兄弟会の名を挙げる。そして、聖書に基づく敬虔さを強調するこの教団が、修道士ではなく平信徒の若者を対象にして、時間割や年齢別学級の編制、軍隊モデルといった一連の身体統制の技術を作り上げたことを重視するのである。

この教団では、俗世を離れて修養生活を送る者のために修道院で開発された一連の技法が、若者がカリキュラムに沿って知識やよい行いを段階的に習得し、その成果を競い合うという、現代における学校とそう変わらない世俗的なしくみに転用されていた。しかもこの世俗的な訓練《エグゼルシス》には、救済を求める修練と同じく終わりがない。修道院での霊的修業《エグゼルシス》は、学校での鍛錬《エグゼルシス》・演習、軍隊での教練《エグゼルシス》、工場での技能訓練《エグゼルシス》へと「世俗化」していくのである。『安全・領土・人口』の草稿でフーコーはこう書いていた。


アイデンティティ、臣従化、内面性。キリスト教司牧の千年の長きにわたる西洋人の個人化は、主観性を犠牲にして達成されていいます。主体化によってです。個人になるには主体にならなければならないのです。

このような観点に立つと、ベンサムのパノプティコンが、キリスト教が千数百年をかけて発達させてきた技法の歴史のひとこまのように見えてくる。じっさい、修道院という社会の「周縁」で始まった規律のしくみは、若者だけでなく、イエズス会による植民地での先住民管理、『狂気の歴史』（一九六一年）で描かれる「非生産的」とされた人びとの管理へと宗教的なつながりを通して広がる。そしてさらに、徴兵された兵士や近代的な肉体労働に従事する労働者階級の管理という近代社会の「中心」へと展開することになるのである。

求道者の導きから他者の導きへ

この共同生活兄弟会には、個人の行動や時間の使い方をある目標に沿って最適化するという規律のはじまりに加えて、もうひとつの注目すべき役割があるとフーコーは言う。各人が禁欲的な修養に励むときには、指導役による「導き」を得ることと定めていることだ（この「導き《ディレクシオン》」という語は、指導や監督などという訳語もあり、そう訳すべきところもある。ただ、本書では「統治」や「振る舞い」という語との結びつきを明確にするため、可能な限りで「導き」と記す）。上から下への一方通行的な関係ではなく、一人ひとりへの配慮こそが若者の宗教的＝霊的《スピリチュアル》な意味での向上にとって重要であるという考え方だ。

しかし、魂の霊的救済のための行いは、近代において人間精神の世俗的な管理へと見事にスライドするのだとフーコーは言う。フーコーは、一八―一九世紀の主にフランスでの精神医学の展開を分析する『精神医学の権力』で、こうした霊的実践に由来する「導き」が講義の主題とつながるとする。「精神医学の権力のはたらきに一番ぴったりな語（略）とは〈導き〉です」と言うのだ。啓蒙主義の影響を受けて「病者」への非人間的な処遇を見直す動きと並行して、その心身を継続的に導く動きが強まるのである。

この語には、一九世紀時点では宗教実践にまつわる一連の意味合いが備わっていました。〈魂の導き〉〔良心の指導・監督〕は、一九世紀に先立つ三―四世紀のあいだずっと、技術と対象の全体的な領域を定めていました。

フーコーは、当時の精神医学は、「狂気」を治療する医学の一分野として発展したのではなく、行動や精神について、その異常や障害、逸脱なるものを規定し判断する社会管理の装置として確立されていくと論じた。ここでも管理の技術は病院の壁を越えて社会に適用される。そうしたプロセスのなかで、精神科医という存在は、病院の施設と職員を統率し、「狂気」と対決し、闘い、支配する。そしてまた、患者から目を離すことなく、かれらの「現実」をみずからの「真理」によって覆し、正しく導くのである。精神医学はこうしたプロセスに見られる「絶えざる導き」という考え方を、キリスト教の語彙から取り込んでいるのである。

このとき「司牧神学《パストラル》」が、中世の宗教共同体による若者の管理と、近代の精神医学による「病者」の統制とをつなげているというのが、フーコーの見立てだ。フーコーは一九七七／七八年度講義『安全・領土・人口』（二〇〇四年）の前半で、司牧と統治なる概念とのかかわりを考察している。

司牧神学とは、一六世紀の対抗宗教改革とトリエント公会議を受けて、ローマ・カトリック教会と神学者によって整備される実践神学の一分野であり、その役割のひとつは、告解聴取とともに「魂の導き」を行うことにある。このとき「良心の導き手」たる聖職者には、信徒の救済のためになされる告解聴取や良心の究明を行うことで、一人ひとりの内面を詳しく把握することが求められる。魂の導きを目的としてなされる司牧実践——「魂の統治術」——をモデルとした人の管理（また実践そのもの）を、フーコーは「司牧権力」と名づけるのである。

司牧権力と他者の統治

なぜキリスト教と司牧権力なのか。それは司牧という関係性がキリスト教の最上位から末端までを貫いているからだ。キリスト教では、イエスその人から、使徒、教皇、司祭、末端の聖職者に至るまでが牧者としての役割を担う。「羊飼い」になぞらえられる聖職者は、みずからの救済の条件として、神から委ねられた弟子や信徒という「羊」に絶えず気を配り、その安全を確保するという困難な任務に取り組む。司牧者は群れ全体の安全を確保しつつ、個別の状態を把握して、もれなく全員を救いへと正しく導くことが求められるのである。それは何よりも、他者の救済が自己の救済の条件だからだ。

フーコーは、六世紀末にローマ教皇を務めたグレゴリウス一世の著書で、司牧神学の便覧とされる『司牧規則』（五九一年）を取り上げる。そして、この本では、司牧者すなわち聖職者の中心的任務とは、「技法中の技法」たる「魂を指導する術」をよく認識し、適用することであり、統治とは「魂の導き」なりと説かれていることを指摘する。単なる振る舞いだけではなく、心の動きも含めた人のすべてが統治し、導くべき対象として設定されるのである。

司牧者は全体に向けて正しい教えを説くだけでは足りない。一人ひとりの心の秘密を知り、個別に教えを説かなければならない。導かれる側が相手にすべてを委ねる一方で、導く側は相手の告解を通じて隠された「真実」を知り、魂の面倒をみる。司牧は、人の一生を最初から最後まで見届け、生活の一切に関わる技術として、またそうした技術の理論と実践として展開されるのである。

なおフーコーは一九七九／八〇年度コレージュ・ド・フランス講義『生者たちの統治』以降、この技法中の技法という表現が、そもそも古代哲学に由来することを改めて指摘する。そして、四世紀末のギリシア教父ナジアンゾスのグレゴリオスを参照し、この実践が初期キリスト教の修道制において、修道士の生を「哲学的生」として組織する際に用いられるとする。そして、東方すなわちオリエントで実践されていた修道制を西方に紹介して共住修道制の基礎を築いた修道士ヨハネス・カッシアヌスの著作を詳しく論じていた。修道制とは、フーコーにとって西洋の主体性の生産のかなめに位置しており、詳しい考察の対象となるのである。

さて、このようなキリスト教司牧は、ローマ帝国の支配原理とは異質なものとして、権力の新たな形態でありかつ個人化についての独特な形式である「司牧権力」を、神学という学問と教会の権威と権力とを背景として出現させるのだとフーコーは言う。

キリスト教会、それは司牧権力のありとあらゆるテーマを明確な機構と制度に凝固させたのであり、種別的で自立的な司牧権力を現実に組織したのであり、その装置をローマ帝国内に設置し、帝国の中心部に、他のあらゆる文明にとって未知であると思われるようなタイプの権力を組織したのです。

西洋政治思想の源流とされるプラトンは、政治とは、織物を織るようにして政治共同体を緊密にまとめ上げる実践として考えたが、そこには司牧的な発想はない。また「統治《グヴェルヌマン》」とは、都市国家という共同体の舵取りをし、よい方向へと導くことであって、人びとを統べ、導くこととしては考えられていなかった。フーコーによれば、牧人と政治的権力をつなげる発想は古代オリエントに端を発するが、古代ギリシア・ローマではきわめて限られたかたちでしか存在しておらず、キリスト教によってローマ帝国に持ち込まれたのである。

こうして、人びとの魂を絶えずいかに導くのか、という意味での「人の統治」という司牧の主題が政治に導入される。フーコーは西洋における政治権力の源流に古代ギリシア・ローマではなく、キリスト教の司牧的な関係を見いだし、その司牧権力こそが、西洋近代に特徴的な「全体的に、個別に」他者を統治する世俗的な権力形態のひな形になると論じる。西洋の主体性の歴史は司牧の歴史によって始まるのである。

さらに言えばフーコーは、二〇世紀後半の先進国世界で整備が進んでいた福祉国家体制を、ゆりかごから墓場まで人びとの生を管理するという、司牧権力の現代的展開のひとつとして批判的に捉えていた。こうした態度は後になって、フーコーの新自由主義論をどう解釈するのかという論争のきっかけとなっている。

他者による導きから自己と他者の統治へ

キリスト教は西洋の政治空間に「人の統治」という異質な問題設定を持ち込んだ。そして、宗教的に整備された「導き」の技術は、やがて修道院や教会の壁を越え、市井の人びとの行動を管理統制し、組織化する手段として社会全体に浸透する。それは人びとを全体として、また個別に、誕生から死まで継続的に導くという特徴をもつ。これがフーコーの司牧権力論の大きな枠組みであった。

『安全・領土・人口』で、フーコーは西洋近代の自由主義論と司牧権力論との関係、つまり世俗化された司牧権力として、国家のレベルでなされる「人の統治」の展開を掘り下げようとした。そして、これを統治のありようという意味での「統治性《グヴェルヌマンタリテ》」という表現で問題化する。これによって、絶対王制期の国家理性論から重商主義と重農主義、そして一八世紀末の古典的自由主義から二〇世紀の新自由主義までの国家論の歴史が語られることになる。この話は第三章以降で扱うので、ここでは、統治と導きという問題そのものが、ここでいう西洋近代国家の統治性、すなわちある領域内の人びとを統治する技術の展開をめぐる問題よりも古いことに注目しておこう。

こうした統治性をめぐる議論は、フーコーなりの西洋近代国家論と捉えることができる。ただし、統治性の議論は、一般的な国家論の枠にとどまらないところに発展する。そこには「自己の統治」という問いがあるからだ。フーコーの権力論は〈権力 - 知〉の定式で知られる。これによれば、権力の行使とは、管理統制する対象に関する認識やデータを作り出し、そうした真理や真実と技術によって、その振る舞いを方向づけようとすることだ。権力行使とは真理による他者の導きであるというこの図式は、そのまま「他者の統治」の議論へと至る。

そして、この「真理による統治」をめぐる問いかけは、権力を行使する「自己」にも向けられることになる。むしろ、あらゆる社会や時代で、権力行使の正統性は経済力や軍事力だけに支えられてはいない。それは支配する者がいかに真理を通してみずからを処し、導くのかという問いと深く結びついている。こうした点に注目するフーコーは、他者の統治についての議論から自己の統治という政治的かつ倫理的な問題を引き出すのである。

他者の統治＝導きについてのフーコーの考察は、政治的な権力をふるう者がいかにしてみずからを統治するのかという問いへと広がる。他者あるいは共同体を統治し、導くという行為を担おうとする者は、いったいどのような権利や義務、能力を備えているのか？人の上に立つにはそれなりの人物であることが求められた。では、そのような地位は自己とのどのような関係によって確保されるのだろうか。

こうした問いは、司牧権力の登場以前から存在してきた。たとえば、プラトン対話篇に登場するソクラテスは、政治共同体としてのポリスを導き、統治する者には、生まれ持った資質だけでは不十分であることを繰り返し説いた。フーコーはほとんど取り上げないが、アリストテレス『政治学』の冒頭には、ポリスという国家共同体の統治を担う自由人男性は、まず自分自身を、そして家族をよく治めるべしと書かれていることもよく知られている。自分以外のものを統治することと、自分自身を統治することとは密接に関わっており、しかもそこでは現在の自分自身にはたらきかけ、変えることが求められたり、推奨されたりしていた。権力論から派生した統治論からは、他者への権力行使という意味での他者の統治についての考察を通じて、自己の統治をめぐる問いが浮上するのである。

この自己の統治にかかわるかたちで提示されるのが「自己の技術《テクノロジー》」という概念である。フーコーは、これをキリスト教の制度的確立以後とは違ったかたちで、自己と他者との関係、自己の自己への関係についての問いかけと実践を支える倫理や教説の、最も一般的な呼び名として提示する。抽象的な理論ではなく、いわばノウハウやマニュアルあるいは技法論と考えてもよいだろう。ギリシアやローマの一定の人びとも、自己をよりよいところへと導くことを目的とした「セルフ・マネジメント」と、そのための実用的な知識とを必要としたのである。

個人が、自前の手段を用いて、みずからの身体や魂、思考、振る舞いにたいして、一定の操作を行うことを可能にする技術。(略) この種の技術を、自己の技法《テクニック》あるいは自己の技術と呼ぶことにしましょう。

自己が自己に属するものにたいしてはたらきかけ、それをみずから統制することによって、みずからを変容させ、より高い段階へと引き上げること、フーコーは、一九八〇年の米国での講演「主体性と真理」でこうした自己の技術があらゆる社会に見いだされると論じている。こうした自己の技術への関心は、『性の歴史』第一巻の『知への意志』での古代ギリシアにおける「エロスの技法」というキリスト教とは異なる性愛の術についての議論から、第二巻『快楽の活用』と第三巻『自己への配慮』(いずれも一九八四年) が取り上げたヘレニズム期の性倫理の形成と変容、そして第四巻『肉の告白』（二〇一八年）での初期キリスト教におけるセクシュアリティを軸とした固有の自己の技術の形成プロセスをめぐる考察に通じているのである。

フーコーが一九七〇年代後半までに論じてきた主権、規律、生権力あるいはセキュリティといった権力類型による統治の実践、あるいは国家の権力技術論としての統治性をめぐる問いは、主体の生産と管理統制という、いわば他者にたいする支配の技術をめぐるものだった。しかし、こうした他者の統治についての考察は、それを行う主体もまた、自己と他者によって統治される客体であることを示す。人は自己の技術によってみずからを導くと同時に、支配の技術によって他者から導かれているからだ。自己の技術による自己の導きと、支配の技術による他者からの導きとを結びつける問題設定が「統治」なのだ。この統治の視点が開けることを通じて、主体をめぐる問いは新たな展開を迎えることになる。

自己への配慮と自己の統治

自己は真理との関係で主体となる――フーコーは権力論で示したこの図式を、真理を通じた自己の導きとしての「自己の統治」にも適用する。そして、規律権力論でも取り上げたキリスト教の告白を連想させる真理と自己との関係のほかに、もうひとつ別の真理と自己との関係があり、そこに自己の統治の大きな特徴があると述べる。

自己の統治は「自己認識」と「自己への配慮」という、真理と主体についての二つの関係のあり方から成り立っている。前者はみずからについてほんとうの認識を得ることであり、後者はみずからをより高い段階へと導くことを指す。このときフーコーは、自己への配慮という観念の移り変わりにとくに注目することで、権力論から「自己と他者の統治」の統治論へと、みずからの議論を拡張する。そして、一九八〇年代になると、古代ギリシア・ローマの哲学諸派の教説をたどりながら、自己認識が自己への配慮に優越していたのだが、両者の関係はキリスト教の浸透によって一変し、さらに近代合理主義の台頭によってまったく別個のものになってしまうと論じるのである。

自己への配慮と自己認識の関係については、プラトンからストア派までを扱った一九八一／八二年度コレージュ・ド・フランス講義『主体の解釈学』での議論が明確である。ソクラテスの自己認識というと「汝自身を知れ」が連想される。いまではこの命題は、みずからについてほんとうのことを知るように、という自己認識の枠組みで捉えられている。しかし古代の人びとにとってはそうでなかった。それは神殿に出向いて神のお告げを得るときには、人としての領分をわきまえておくようにという警句だったのである。

他方、ソクラテスにとっては、この命題が自己への配慮と堅く結びつき、その前提となる。ただしそのあり方は現代の捉え方とはまったく異なる。自己認識とは、みずからの本質や隠された内面についての認識、客観的な知見などを得ることではない。
プラトンの初期対話篇『アルキビアデスI』で、美貌の青年貴族であり、高慢さからやがて身を滅ぼすことで知られるアルキビアデスに対し、ソクラテスはこう問いかけていた。

我々が、自分自身がいったい何であるかを知らないでいて、自身をよくするものがどういう技術であるかを、はたしていったい知ることができるだろうか。

自己に配慮しようというときには、そのはたらきかけの対象である自己について、すなわちみずからの魂について知らなければならない。自己認識への取り組みは、自己への配慮を行うための前提条件あるいは手段として設定されているのである。
ただしここでの自己への配慮は、エリート層の若者に求められる実践であり、他者への権力行使と結びついていたことに注意したい。自己をよくするとはすなわち、正義に基づいてポリスを統治するにふさわしい、徳を備えた主体になることだ。自己を統治する卓越した存在は、ポリスを正しく導き、他者を統治するのであり、それによって他者を「救う」と同時に、みずからの魂を浄化し「救う」のである。

フーコーはソクラテスとプラトンによって自己への配慮の問いが西洋哲学史に持ち込まれたとさえ述べている。導きと統治という観点でこのことを捉えるならこう言える。自己への配慮と自己に配慮する者としての主体がはじめて現れたときから、自己の統治と他者の統治は二つにひとつのものとして「統治」という問い、他者を導くべき自己をいかにして導くべきかという問いを構成しているのである。

主観的な真理による自己の構成

こうしたプラトン的な自己への配慮は、紀元前四世紀後半に始まるヘレニズム期に大きく変わる。ポリスの時代が終わり、ローマの時代へと移るなかで、身分の高さは権力や地位を保障しなくなっていった。こうしたなかで自己への配慮は、みずからの生をいかによいものにするのかという、広く一般に開かれた自己の陶冶という倫理的な問いへと変わる。

この自己の陶冶のキーワードが「真理」である。ただしそれは、主観的で実用的とされる。みずからの内面に秘められたほんとうのことではなく、自己を高める真理だ。それは体得することによってドラマチックに主体を変容させる「真理」、一定の手続きを経れば誰にでも把握できる客観的で科学的な知ではなく、絶えざる実践によって身につける「真理」である。その真理を用いることで、自己はみずからを平静で幸福な完結した状態へと導くことができるのである。

人は真理を霊的に――すなわち、主体のあり方に作用をおよぼすようなかたちで――経験することで、倫理的な主体へとみずからを構成する。セネカによれば、人は世界を俯瞰的に見渡すような視点に立つことで、みずからがどこまでも理にかなった世界の一部であることを知る。主体は恐れなどの感情を克服し、自己を知ることで自由を得る。ここでは知と倫理、真理と主体は一体不可分である。

フーコーはこうした真理と主体の関係を、近代的な関係と対比してみせる。近代的な主体の構成が、客観的な真理としての「法」に従うことによる従属的な主体化であるのならば、古代の主体の構成とは、主観的な真理の体得による倫理的な主体化なのである。

近代人が「認識領域における主体の客観化の可能性や不可能性」という問いを立てるところで、ギリシア、ヘレニズム、ローマの古代人は「主体の霊的経験としての世界知の構成」という問いを立てていたのです。そしてまた、近代人が「法秩序への主体の従属」を考えるところで、ギリシア人やローマ人は「真理の実践を通した、また真理の実践による、それ自体が究極目的である主体の構成」を考えたのです。

ただし真理の実践によって構成される主体に備わる自由さあるいは倫理とは、ヘレニズム哲学についてよく言われるように、幸せな自己に充足するということではないと、フーコーは付け加える。真理による自己の倫理的な主体化は、流動的な社会のなかで、つまり自己と他者の導きが交錯するなかで、ふさわしく振る舞う自己を確立するという時代の要請と結びついていた。ヘレニズム期における自己への配慮と倫理とはそうした社会のなかでの身の処し方、生のスタイルを確立することだったのである。

こうした自己と真理の関係は、古代哲学を受け入れながら教義を整備していったキリスト教の基本的な考え方ともまた異なる。『肉の告白』でフーコーはこのように述べている。

実は、古代の哲学者たちが練り上げた良心の指導および検討の実践は、修道制によって初めて、つまり、修道制の制度内部において、修道制を出発点として初めて、キリスト教に受け入れられ、そこで発展して新たな形態と新たな帰結を得たのだった。

キリスト者とくに修道士にとって、自己に立ち返ることとは、聖書の教えを頼りにして、自己の内面を分析して悪の誘惑とたたかうことであり、悔い改めによって自己を放棄し、「生まれ変わる」ことだからだ。同じく「霊的」な自己への関わりであり、語彙や表現に共通するところが少なくないにしても、自己と他者の統治と導きという文脈からは、むしろその違いが強調されるのである。

＊

本章では、規律権力のはじまりがキリスト教にあるというフーコーの議論を、司牧権力というキーワードとともに紹介した。そして規律との関わりで強調される「導き」がいわば世俗化していくことで、規律が西洋近代社会における他者の統治の大きな土台をなすことを示した。しかし、この統治と導きのはじまりをめぐる考察は、自己の技術と自己の統治という、キリスト教の成立に先立つ枠組みへとフーコーの議論を進めることになった。

自己と真理についてのキリスト教とも近代とも異なる関係のあり方に見られる、西洋古代哲学における真理による主体化という営みはこうして取り出された。ここにもまた、自己の統治と他者の統治を織り込んだ、別のかたちでの主体化のありようが見てとれるとフーコーは論じたのである。

次章では、舞台となる時代を先に進め、この自己と他者の統治について、フーコーの国家論とも言える西洋近代の統治性の議論を通じて、フーコーの自己統治をめぐる議論と統治性論との結びつきを見ていこう。

第三章　人はみな企業である

——新自由主義という新たな統治性

フーコーは、規律による従属的な主体化と他者の統治についての考察から、キリスト教にまつわる「統治」の問題系への注目を経て、主体の問題を統治と導きをめぐる自己と他者の関係性の問題として取り出した。

他者の統治との関係において、自己をどのように作り上げるのか？　第二章の後半で取り上げた自己への配慮と自己の主体化は、社会を避けて自己に回帰するという営みではなく、こうした社会的な問いとして構想されている。これはおおむね一九八〇年代に入って展開された議論だった。

本章では、自己の統治の「非西洋的」な見方が提示される少し前のコレージュ・ド・フランス講義『安全・領土・人口』（一九七七／七八年度）と『生政治の誕生』（一九七八／七九年度）の内容を中心に取り上げる。通称「統治性講義」の前半で、第二章で論じた司牧権力の系譜についての議論を終えたフーコーは、宗教改革と三十年戦争を経てヨーロッパに成立する領域国家について、国力の増強を目的としてなされる権力行使の種別的なあり方を分析する。

このとき西洋国家の統治性は三つに区分される。国家理性と重商主義（一七―一八世紀半ば）、重農主義と古典的自由主義《リベラリズム》（一八世紀半ば以降）、新自由主義《ネオリベラリズム》（戦間期以降）である。古典的自由主義の意味での「自由主義」は、フランソワ・ケネーらによる重農主義を経てアダム・スミスによって定式化される一八世紀後半以降の自由放任の経済思想を指す。一方で、新自由主義とは、戦間期ヨーロッパに登場した「反計画主義」の思想運動を母体とする潮流のことだ。とくにフーコーは、西ドイツの経済政策思想であるオルド自由主義に注目すると同時に、米国シカゴ学派の新自由主義経済学を取り上げた。

本書では、この議論をそのままたどることはせず、三点に限って取り上げる。一、国家とは自己による自己の統治であるという考え方が統治性論のベースであること、二、統治とは真理による主体化であるという論点を踏まえると、国家による自己の統治としての人の統治の真理は「市場」であること、三、新自由主義型統治性の特徴は、社会の構成単位を「企業」とし、競争という理念のもとに個人と社会を組織しようとすることである。

一九七〇年代後半の統治理性の転換を捉えようとしたフーコー

フランスでは、「六八年五月」から続いた議会外左翼の政治運動が街頭での勢いを失う一方で、第一章で触れた「新しい社会運動」が時代を象徴するように受け止められた。また、国内経済を見れば、「栄光の三〇年」と形容された高度成長の時代は、すでに一九六〇年代末にピークに達するなか、一九七三年の第一次石油危機で最終的に終わった。

こうしたなかで、ポンピドゥー政権下で蔵相を務めた後、七四年に大統領に就任したヴアレリ・ジスカール・デスタンは、現代的なリベラリズム政策を推進し、欧州経済の統合とフランス経済の高度化を目指した（フーコーがオルド自由主義に注目した状況的な理由でもある）。また同時に中間層の進歩的な要求に一定の譲歩を見せることで、階級的な社会からの離脱をも演出したのである。

そのことはまた、二重の意味での「セキュリティ」への要請に応えること、すなわち社会保障《ソーシャル・セキュリティ》（失業対策や社会保険制度の充実）と国内治安《セキュリティ》（犯罪やテロへの対策）を確保することでもあった。ポスト「六八年五月」のフランスは、政治経済社会的な転換点を迎えていた。フーコーはこうした政策を「新自由主義《ネオリベラリズム》」と呼びつつ、「私たちがまさに覆われつつある」と考えた現代の統治実践の分析に向かったのである。

他方で、司牧権力は、第一章で見たように、『知への意志』の最終章で、主権とは異なり、規律を包含した近代国家の種別的な統治技術、すなわち生政治として提示されていた。国家論としての統治性論には前史があった。そして、統治性講義での権力モデルの議論は、主権vs.規律＋生政治＝生権力という対比（『知への意志』）から、主権－規律－安全《セキュリティ》という三分類へと強調点が移る。

前者でいう「生政治」が後者の「安全」とおおむね重なり、主権型権力装置とそれ以外の違いよりも、個人に作用する「規律」と全体に作用する「安全」とが対比されるのである。また司牧権力は、導きと統治の問題として、近代的な統治性の根幹に位置づけられる。こうした動きはまた、フーコーの権力論にはマクロな国家論が欠けているという批判の声への応答という側面ももっていた。

ミクロ権力の分析、あるいは統治性プロセスの分析は、定義上一定の規模をもつ特定の領域に制限されるものではなく、大きさにかかわらず、あらゆる規模のものに有効でありうるような、ひとつの視点、ひとつの解読方法として見なされるべきである。

『監獄の誕生』と『知への意志』で、権力分析を国家というマクロなレベルで扱うことを批判し、ミクロな権力論の重要性を強調した人物が、二冊の刊行からまもない時期に国家の統治性について論じている背景には、時代状況と司牧権力論の展開があったのである。

国家による自己統治としての人の統治

第二章で見たように、フーコーは「人の統治」がキリスト教によって西洋の政治空間にもたらされたと論じた。このとき、人の統治を行う主体とは誰か？　主権者である君主あるいは国家だろう。しかし、その主体が統治する国家とは、主体にとって他者なのか、それとも自己なのか？　フーコーは一六世紀にひとつの分かれ目があると述べ、宗教改革と司牧神学の展開、他方では領域国家の形成が進むなかで、統治の問題系がさまざまに出現したことを指摘する。

> 一方では国家への集中の動き、他方では拡散と宗教的な反抗の動きがありました。この二つの動きの交わるところに（略）「どのように、誰によって、どこまで、どのような目的のために、どのような方法で統治されるのか」という問題が提起されたのです。（傍点は原文）

ここには君主による統治の問題も含まれる。ただしそれは、近代政治思想の先駆とされる『君主論』の著者ニコロ・マキャベリとは異なる仕方で展開されるとフーコーは言う。マキャベリは、主権者たる君主ただ一人が統治者として公国を超越的に外から統治するのだと考えた。しかし、一般に「君主の鑑」と言われる君主向けの教育・指南書では、反キリスト的と見なされたマキャベリの議論に抗するかたちで、家長や教師、修道院長などさまざまな統治者がいる空間のなかで、いかにして君主がみずからを統治し、家族や所領を統治し、最終的に国家を統治するのかが問題とされたのである。

マキャベリやジャン・ボダンといった一六世紀の国家理性論は、近代的な主権概念を確立したとふつう理解される。しかし、実際にはそれが登場した段階で、権力の主要な問題は主権的なものではなく、すでに統治的なものではなかったかとフーコーは言うのである。

すなわち、領域国家においては、ひとりの卓越した統治者が絶対的に権力を行使しているのではない。社会の上から下までが統治的な関係に貫かれ、自己が自己を導き、他者を導き、また他者から導かれるという相対的な権力関係のなかに君主から臣民までが身を置いている。こうした認識のもとで、君主は自分も参加する国家社会の空間で、そのあり方を合理的に把握しつつ、自己と他者の統治を実践するのである。なぜこうした言葉づかいができるかといえば、統治の主体である「自己」には定義上、大きさの制限がないからだ。

こうした統治実践を具体的に支えるのが、ここまで何度か名前を挙げた「ポリス」だ。内政全般を司るポリスによる統治空間への介入技術とは、統治空間に存在する人間や資源、資産の賢明な配分術としての「経済《エコノミー》（学）」である。そしてフーコーは、領域内の隅々にまで、つまり自己のあらゆるところに気を配ろうとするポリスに、世俗化された司牧権力の姿を見ていた。ポリスが実現すべきものこそ、『安全・領土・人口』という講義題目に掛ければ、領土内にいる住民の安心、ひいては国家の安全なのだ。国家は自己としての国家を統治するという問題設定のもとで、フーコーはミクロな権力分析を国家論にも適用するのである。

自由主義は真理陳述の場としての市場を作り出し、統治を自己制限する

第二章で見たように、自己の統治とは真理による主体化だ。では、近代国家の統治において指標として参照される「真理」とはなんだろうか？　国家は何によってみずからを国家として構成していくのか？

フーコーはこの問いに「市場」と答えた。歴史的に言えば、初期近代以降の西洋の経済政策は、国家の干渉による保護貿易によって国富を増大させるとする重商主義を批判し、自由貿易を提唱する重農主義と古典的自由主義が一八世紀中頃に出現することで転換点を迎える。そして両者の大きな違いもやはり市場についての見方であった。

典型例は食糧問題への対応だ。重商主義者は、穀物の輸出禁止や在庫放出命令などのポリス型の介入策を通して、市場で公正な価格を実現すべきと説いた。住民が不満を爆発させないレベルへと価格を人為的に誘導するのだ。これにたいして、一八世紀後半にフランソワ・ケネーら重農学派は異論を唱えた。穀物取引を自由化すれば、市場では良い価格が自然に出現すると主張し、市場の自生的なメカニズムの尊重を要求したのである。この立場はアダム・スミス以降の古典派経済学に引き継がれる。

こうした論争にフーコーは、重農主義によって市場に「真理陳述の場」としての役割が与えられた契機を読み取る。国家の自己統治は、「市場」に価格として現れる「真理」を指標とするということだ。そして、その価格が表すのは、市場外で決定された絶対的な「公正さ」ではなく、市場で決定された相対的な「良さ」なのである。

中世から重商主義の時代に普及していた市場観とは、正義すなわち公正さが示される、いわば「法陳述の場」だ。公正な価格を実現させ、市場に法=正しさを現すためにこそ、政府はさまざまな介入を行う。他方、重農主義では市場が「自然」なメカニズムに従っていると見なす。政府のなすべきことはただひとつ「自由放任」だ。市場の自生的なメカニズムを尊重して、自由な価格形成を促し、市場に内在する「真理」が述べられることによって「良い」価格を実現させることが政府の務めなのである。

そしてこの「自然」とは社会的な自然、つまり市場である。

それは政治、国家理性、ポリスに備わる人為性にまさしく対立させられる自然性です。(略)それは人間相互の関係に特有な、人が共存し、集まり、交換し、労働し、生産する際に自然に起きることに特有な自然性なのです。(傍点は引用者)

国家に市場という自然な秩序の尊重を求める自由主義型の統治と、人為的な介入を是とする国家理性－ポリス－重商主義型の統治との違いは、この「公正価格」と「良価」の違いにはっきりと表れている。

自由主義型統治が政府に求めることは、この自然のメカニズムの示すところを読み取り、そこで示された「真理」に沿って権力行使をみずから制限することだ。統治は最小限でなければならないからだ。政府が自国についてのさまざまなデータを収集・分析し、経済社会の実相を認識する必要性もここから生まれる。国家の統治はそうした生政治的な自己認識を尊重してなされる。

しかし、ここには自由主義に固有のジレンマがある。文字通りの意味で「自由放任」な自由主義的統治などありえない。ゆえに、政府は最小限の統治で最大限の結果を出すという無理難題に原理的に直面する。いまある自由はつねに過小であり、統治はつねに過剰であるという悩みにつねにつきまとわれることにもなる。これは、公正さを実現するためには統治がつねに過小なのではないかというポリス型の統治が抱えるものとは対照的な悩みだ。別の言い方をすれば、自由主義における自由とは、権利としての自由ではない。統治する者と統治される者とのあいだに生じるその時々の関係のありようだ。この点については次章で戻ってくることにしよう。

新自由主義は完全競争を理念として社会に介入する

フーコーの統治性講義が二〇〇〇年代半ばに広く知られるようになって以来、つねに注目や論争の的になるのは、なによりもフーコーが米国型新自由主義経済学を取り上げて、詳しく論じたせいだ。フーコーが新自由主義に注目したのは、当時のフランス政府が新自由主義的な社会政策の導入を試みていたからでもある。たとえば、米国の新自由主義経済学が提唱した「負の所得税」（一定の課税所得水準を下回る場合には所得税を徴収せず、代わりに現金を給付するのでこう言われる）が検討されている。

フーコーは新自由主義を、二〇世紀前半に登場した新たな統治実践の形態である、ケインズ主義に基づく修正資本主義＝福祉国家とも、いわゆる「全体主義」（共産主義と国民社会主義＝ナチズム）とも異なる、新たな統治性として受け取る。ここでは、フーコーの議論のうち、市場と経済人《ホモ・エコノミクス》の捉え方の変容を扱うことで、統治と主体に関わる見解を整理する。まず、新自由主義が「市場」をどのように作り変えていったのかを見てみよう。

統治性論の観点からすると、新自由主義とは、古典的自由主義が直面した統治性の危機への反動的な反応《リアクション》だ。二〇世紀になるにつれて、古典的自由主義型の統治は、周期的な不況、独占や寡占の形成、貧困や失業、不平等の拡大といった社会問題に手をこまねいていた。ここで登場したのが、ケインズ主義と社会主義である。

第一次世界大戦後の戦間期に、保守と革新の両側から登場した二つの政策思想は、自由放任の弊害を指摘し、経済の計画化（米国のニューディール政策やソ連の五ヵ年計画など）と市場への直接的な介入によって、こうした問題に対処できると主張した。このとき、新自由主義は、この二つとも異なる「第三の道」を主張して登場するのである。

新自由主義の「新しさ」とは何か。この問いは見解の分かれるところだが、フーコーは市場と国家の関係、そこから導かれる真理と統治の関係のあり方に、古典的自由主義との質的違いを見る。先に見たように、自由主義は市場で形成される価格を「真理」とし、統治の自己制限の原理と見なす。国家は市場において社会のほんとうの姿が現れるように、価格形成プロセスに介入してはならない。なぜならそうした余計な邪魔が入らないときにこそ、市場は正確に機能すると考えられているからだ。

しかし、新自由主義は積極的な介入を説く。一見逆説的だがこういうことだ。あるオルド自由主義者はこう言う。市場とはいわば観葉植物である。室内の植物に水やりをしなければしおれてしまうように、市場を放置しても価格形成メカニズムはうまくはたらかない。独占や寡占にストライキなど、社会には完全に競争的な市場の成立を妨げるさまざまなノイズがあるからだ。したがって、市場が正しく機能するためには、経済外の要因への積極的な介入がつねに必要なのだ。そうしてはじめて競争は成立するからである。完全競争市場が示すとされる「真理」を実現するため、競争を軸にして現実の社会という環境を変更しようと、市場外に積極的に介入する新自由主義型統治——それは経済ではなく、社会を対象とした統治なのである。

新自由主義型統治は（略）社会に介入し、競争メカニズムが、いかなるときも社会の深いところのどの地点でも、調整役を果たすようにしなければならないのです。それは重農学派が思い描いたような経済的統治、すなわち経済法則のみを認識し、墨守していればよしとされるような統治ではない。それは経済的統治ではなく、社会的統治なのです。（傍点は引用者）

市場での競争は放置しても決してひとりでには成立しない。完全競争が可能になるような経済秩序を実現するためには「社会の構造に、また深いところに」介入しなければならない。競争秩序を成立させ、経済成長を実現させてこそ、社会の自由は確保される。新自由主義型の統治性はこのように考える。自由は元から自然にあって尊重されるべきものではなく、介入によって生産されるべきものなのである。このとき競争という概念はいわば形而上学的な「真理」とされるが、それでもやはり「自由」は尊重されるのである。

新自由主義型統治は、このようなかたちで市場という真理陳述の場の機能を変更させる。競争は自然的な事実ではなく、固有の構造を備え、追求されるべき理念となる。また、市場は真理陳述を通して統治の過剰を警戒するための指標ではなく、統治への対抗原理となり、統治そのものを統御するのである。

経済主体は変容する——交換から競争へ、商人から企業へ

新自由主義型統治はこのようにして「競争」を統治性の核に据える。このとき、「経済人《ホモ・エコノミクス》」という近代経済学が土台とする経済主体のモデルもまた、根底的な変化を被るとフーコーは考えていた。

「経済人」とは、みずからの利益の最大化という経済的な合理性に基づいて行動する人物像である。考案者のアダム・スミスによれば、このような「利己的な」主体からなる社会空間は、それぞれがみずからの利益のみを追求することで、結果的にすべてにとって望ましい状態が実現する。一八世紀から現在まで、近代経済学は、程度の差はあれこの経済人という個人主義的なモデルを軸としてきた。このとき「市場」とは、各人に効用をもたらし、その欲望を満たしてくれる物や商品がやりとりされる場を指す。別の言い方をすれ

ば、経済人は交換する主体として、交換によって私益を求める存在なのである。

だがシカゴ学派の新自由主義経済学は、この経済人モデルが想定する人物像をはっきり変えてしまったと、フーコーは論じる。


経済人とは交換を行う相手などではありません。経済人とは企業体であり、ひとり企業家なのです。どこまでこれがあてはまるのかといえば、実のところ、あらゆる新自由主義型の分析は、交換相手としての経済人をひとり企業家としての経済人にその都度置き換えようとするのです。みずからにとって自己の資本であり、みずからにとって自己の生産者であり、みずからにとって「自己の」収入源という存在に。（傍点は引用者）

新自由主義は、経済人を企業という主体、競争と生産を担う主体として捉える。それは「ひとり企業家」（講義録の邦訳は「自分自身にとっての企業家」）である。どういうことか？

企業とは、資本を投入して商品を生産し、それを販売して利潤を得るというサイクルをセットにした実体だとすれば、新自由主義のいう経済人とは、そのサイクルをひとりでこなす、個人という企業体として構想されているのである。

こうして、社会の基本的な構成単位が「企業」であると見なされる。社会関係の全体が経済－企業モデルによって置き換えられるのだ。新自由主義型統治が思い描く社会には、労働力を販売して収入を得る労働者もいなければ、貨幣と商品を交換して欲望を充足する消費者もいない。労働とは、みずからに属する人的資本を用いて生産し、所得を得ることであり、消費とは、商品の購買によってみずからの満足を生産することだ。

シカゴ学派の経済学者ゲイリー・ベッカーは、みずからの経済学理論を「人間中心の経済学」と呼んだことで知られる。たしかに新自由主義経済学の中心には「人間」がいる。しかし、それは企業としての個人だ。新自由主義型統治は、こうした特異な人間学に基づく統治実践を行う。私たちは、生まれてから死ぬまで、その生活を構成するさまざまな要素を扱うひとつの複合的な企業体として扱われるのである。

二一世紀初頭の日本から見れば、こうした経済人の考え方はなじみ深いかもしれない。自己責任原則がこれほど浸透した社会では、情報や資源の不平等が意図的に放置されたまま、それぞれひとつの企業体である個人や家庭に「選択」とその結果だけが丸投げされる。私たちはすべての苦悩の個人的な所有者として、その解決を迫られ、ひとり企業家としてあらゆる能力《スペック》を高めて生きるよう強いられている。老若男女は「時代の要請」、規制の変更や介入を通じて操作された「環境」のあり方に応じて、みずからの人的資本《スペック》を高度化することに追われるのである。個人や家庭の「企業」活動には終わりがない。経済人という考え方そのものは古典派経済学から存在するとはいっても、その中身はまったく別物になっているのである。

『生政治の誕生』では、一九五〇年代から形成された新自由主義経済学の人的資本論が手堅く論じられており、ベッカー本人も二〇一〇年代にフーコーの議論を賞賛している。このこともあって、フーコーは福祉国家を現代的な司牧権力として手厳しく描き出す一方で、新自由主義への批判的記述に乏しく、新自由主義型統治にシンパシーを抱いているのではないか、といった議論が止むことはない。

その論争にここで立ち入ることはしないが、ひとつだけ述べておきたい。新自由主義型統治にはどのような異議申し立てが可能なのか、と考えるのであれば、まずは「私たちが覆われつつある」その統治の特徴を把握する必要があるだろう。そのような内在的な把握の試みとしてフーコーの新自由主義論を読む試みは、実際にさまざまな場面でなされている。

＊

本章では、自己と他者の統治の担い手が「国家」へと拡大し、近代国家の権力技術論としての統治性論へと展開するプロセスを考察した。統治という問題の広がりは一六世紀に見られる。対抗宗教改革によって告解の制度化が図られる一方で、世俗国家の主権理論の高まりへの反発として、領土ではなく人を統治することをめぐる方法論が議論される。こうして人は宗教的かつ世俗的に統治の対象となり、人を統治するための技術が発展する。

この統治術は、国家理性、古典的自由主義、新自由主義の三つに大別された。フーコーがとりわけ新自由主義に注目したのは、社会の構成単位を「企業」とする一方で、完全競争を実現されるべき理念として捉え、それを実現すべく市場の外の社会という環境に積極的に介入する新たなタイプの統治性であったからだ。

一九七〇年代末にその後の資本主義社会の展開を見越したようなフーコーの議論は、ではそのような新自由主義型統治にはどのような異議申し立てが可能なのか、という切実な問いを生むことになる。人の統治が行われる空間とは、さまざまな自己と他者の統治が入り乱れて実践される場だった。このことを踏まえ、第四章では議論の幅を広げて、自己と他者の統治をめぐる議論が、どのような主体の可能性を私たちに見せてくれるのかを考えてみよう。

第四章　ほんとうの生を生きる

——対抗導きと集合的主体

自己と他者の統治をめぐるフーコーの考察は、キリスト教の司牧権力の世俗化を経て、競争という「真理」を軸として、社会を「企業」を単位として再編する新自由主義型統治へと至る。そのねらいは、一九六〇年代の世界的な反システム運動がもたらした統治性の危機のなかで登場しつつある、新たな統治のあり方を見定めることにあった。

しかし、フーコーによれば、権力とは関係的なものであり、つねに反転可能性を含んでいる。だとすれば、権力論を統治＝導きの問題として拡張した自己と他者の統治の問題系には、そうした反転の政治的契機はどのようなかたちで組み込まれているのだろうか？本章ではこの問いを「対抗導き」という概念から考えていこう。

自己の統治と他者の統治が入り乱れる自由な統治空間

第三章で見たように、人の統治の舞台となる政治空間とは、一六世紀に定義されて以来、大小さまざまなスケールで自己の統治と他者の統治が入り乱れる場だ。他者を導こうとする自己は、まずみずからを導かなければならない。しかし、その自己もまた他者から導かれる。統治が実践される空間には多数の統治＝導きのあいだの絶えざる「ゲーム」がある。そうした自己の導きと他者の導きとが交わり合うところが統治なのだ。フーコーは『安全・領土・人口』でこう述べる。

個人に対する他者からのはたらきかけと、その個人が行う自己の導きが結びつくところが「統治」と呼べるのではないでしょうか。（略）人を統治するとは、為政者が人々を意のままに動かすことではありません。統治とは、強制を行う技術と、自己が自己自身によって構築、変形されるプロセスとのあいだにある、補い合う関係と争いとをはらんだ、つねに不安定な均衡状態だからです。

他者の統治は支配とは異なり、他者の振る舞いを枠付けはしても、完全に決定してしまうことはない。「統治することとは、他者の不確定な行動の場に構造を与えること」だからだ。この構造は、第二章で取り上げた古代ギリシア・ローマにおける自己への配慮にも見いだされる。自己の統治が政治的エリート層にとって他者の統治の条件であったとしても、より広い層にとってのよりよい人生を送るうえでの勧告であったとしても、自己の統治は義務ではなく、個人の選択に属することは同じだ。

こうした統治の定義は権力論の定義と共通する。権力とは自由があるなかでしか作動しない関係的なものであり、その点で主体に行為の自由がない支配とは区別されると考えられているからだ。フーコーは折に触れて「権力はそれ自体では良くも悪くもない」と語っていた。これは権力が価値中立的な道具であるとか、それを打倒すれば済むということではない。権力関係は、権力を行使する側とされる側とが互いに作用し合う場であって、そこで主体がどのように振る舞うのかはあらかじめ決まっていないということだった。別の言い方をすれば、権力関係にある主体にはいつでもいまとは別の振る舞いをする力が備わっている。

『監獄の誕生』のミクロ権力分析についての方法論的言及のなかで、フーコーは『知への意志』と似たような表現も使いながら、権力を及ぼす側と及ぼされる側との関係とは、いくつもの対決を抱えた、落ち着くことの決してないものであって、そこでは力どうしがぶつかり合い、関係そのものがたとえ一時的であっても反転しうるのだと述べる。それは社会から個人の身体までを貫くものであるからこそ、反攻の可能性があるのである。

> この権力は「それを持たない」者への義務や禁止としてただ単に適用されるのではない。そうした者たちを攻囲し、貫通する。権力はかれらを支えにする。ちょうど、かれらが権力との闘いのなかで、権力がみずからに及ぼす影響を、今度はみずからの支えにするように。

他方でフーコーは、近代の統治論における「自由」を統治する者と統治される者との関係だと言う。それは「『より多くの』自由が求められることで、現在の自由が『少なすぎる』と測定されるような関係」である。とりわけ自由主義以降の統治性にとっては、自由とは不可侵の権利として絶対的に存在するものではなく、多いか少ないかという相対的な量として捉えられる。そのさじ加減は統治の正統性の本質に触れている。自由を管理統制することが国家の統治性の主要な賭け金であるからだ。統治する者と統治される者とは自由を通して結びついているのである。

対抗導きと終わりのない司牧

統治者と被治者の結びつきは決して穏やかなものではない。二つ前の引用をもう一度見てみよう。統治とは、自己の統治と他者の統治のあいだの「補い合う関係と争い」をはらむ、決して安定しない状態のことだ。為政者による他者の導きと、導かれる側が自己の変容を通してなされる自己の導きのあいだに平和が訪れることはないのである。

このような権力論と統治論の交点にあって、導かれる側がみずからを別のかたちで導くことを、フーコーは『安全・領土・人口』で「対抗導き《コントル・コンデュイット》」（日本語訳では「反操行」だが、本書では「導き」と「統治」との原理的な連関を示すためにこう訳す）と名づけた。統治としての導きには、このようなオルタナティブな導きとしての「対抗導き」が原理的に備わっているからだ。他者を導く司牧権力がはたらいているところには、いまある他者の導きを逃れ、なんらかのかたちで自己を導く動きとしての対抗導きが相関的に存在するとフーコーは述べる。

司牧が人の振る舞いを対象とするきわめて種別的なタイプの権力だとすると、(略)この司牧権力と等しく種別的な動き、抵抗、不服従、いわば導きの種別的な反乱が現れた(略)のだと私は考えます。これは別の導きを目的とする動きです。つまり、別の導き手と羊飼いの手で、別の目的と別様の救いへと、別の手順や方法で導かれることを望むのです。これは、いずれにせよ、他人の導きから逃れようともし、その人なりの導き方を定めようとする動きです。

そしてフーコーは、政治的主権や経済的搾取にそれぞれ区別される抵抗があるように、導きとしての権力にたいする種別的な抵抗があると続ける。つまり、統治における「政治」とはこの対抗導きとともに生じている。『安全・領土・人口』の講義草稿にはこう記されている(ただしフーコーはこれを読み上げてはいない)。

統治性分析とは（略）「すべては政治的である」という命題を含んでいます。（略）政治とは統治のあり方に対する抵抗、最初の蜂起、最初の対決とともに生まれたものに他ならないのです。

政治とは他者からの導きとしての統治への抵抗、蜂起、対決とともに生まれるのであり、それらによって貫かれている。したがって統治性を分析することとは、たんに他者の統治の論理を明らかにするだけでなく、そこでどのような対抗導きがあり、自己の統治＝導きがあり、「政治」があるのか、統治する側と統治される側との対決があるのかを明らかにすることでもなければならないのである。

具体的にフーコーはどのようなものを対抗導きとして挙げているのか。キリスト教との関係で例示されるのは、中世から近世に至る「導かれる側の反乱」である。修養生活や、第二章で触れた修道会の設立や信仰革新運動、その後に起き、一六世紀の宗教改革の先触れともなった一四―一五世紀のフスやウィクリフなどの教会批判、キリスト教の成立時点から連綿と存在する神秘主義、聖書への回帰、終末論だ。

これらはいずれも、キリスト教会の支配的な制度化に対抗し、既存の統治のあり方が危機にあるときに、司牧の枠組みに留まりながら、支配的なものとは異なる信仰のあり方を追究する霊的な運動であった。そしてもちろん、西洋史上最大の対抗導きとは宗教改革だろう。信仰分裂をもたらし初期近代への決定的な移行をもたらすとともに、フーコーの観点からすれば司牧権力の制度化を大きく進めることになったからだ。

しかし、とフーコーは言う。こうした司牧をめぐる巨大な反乱すら、司牧関係そのものを廃棄してはいない。こうした反乱は「司牧をめぐる、つまり統治される権利と、どのように統治され、また誰によって統治されるのかを知る権利をめぐる」ものとして展開されてきた。ここでのポイントは、宗教改革以降の政治的流れを、農民戦争から三十年戦争まで含めて「反封建革命」と呼びうるとしても、それは「反司牧革命」ではないということだ。

たとえばマルティン・ルターにしても、聖書のドイツ語訳を通じて人びとがそのことばに直に触れる機会を作ったのは、それまでとは異なる司牧的な導きを求めてのことだった。司牧権力の根本的な再編をもたらす事態はこれまで何度も起きている。にもかかわらず、司牧を歴史から完全に追い払ってしまうような「革命」は、西洋史上に一度も起きたことがない。むしろ、キリスト教会に限って言えば、対抗導きに属する動きを繰り返し取り込んで自己刷新を図ることで、統治性の危機を乗り越えて、みずからの命脈を保ってきたのである。

キリスト教西洋の歴史を統治者と被治者のあいだにある司牧関係の変容の歴史として捉えるならば、統治に「終わり」がないとしても悲観することはないだろう。権力とは関係の絶えざる変更であることを受け入れるなら、司牧＝統治関係が廃棄されないなかで、別の統治を求める対抗導きがどのようなかたちで生じているのかを見定めることが大きな課題となる。

世俗の歴史にはどのような対抗導きの主体が見られるのか？　フーコーは、国家への従属を拒否し、国家が提示する真理とは異なる真理によってみずからを集団として導く市民社会、住民《ポピュラシオン》、民族《ナシオン》＝国民であるとフーコーは述べていた。文脈からすれば、国家理性に抗する政治的自由主義、自由主義に抗する民衆蜂起と革命運動、帝国主義や植民地主義に抗するナショナリズムと革命運動が対応すると考えてもよいだろう。また同時代的には、フーコーが一九五〇年代以来関心をもち続けてきた東側共産圏諸国の反体制派や、対抗導きという言葉は用いられることはなかったが、その問題意識がはっきり感じられるなかで、「政治的霊性」という論争的な概念によって考察された一九七〇年代末のイランでの民衆蜂起を挙げることができる。

このようには統治されない技術としての批判

先に見たように、一六世紀とは、政治的な近代がはじまるとともに統治の問いがさまざまに噴出する時代であった。フーコーはこのときに統治をめぐっても、導きと同じような動きが生じることになると考えていた。対抗導きと同じように、いまある統治とは別の統治のあり方を求める動きである。

そして、二度目の来日直前に行った講演「批判とは何か」（一九七八年）以降、何度も機会を捉えて、この「このようには統治されない技術」を、カントの小論「啓蒙とは何か」（一七八四年）を参照しながら、「批判」、さらには「啓蒙」という概念と結びつける。批判とは、一切の統治を望まない技術ではなく、いまあるようなかたちで統治されないためにはどうすればよいのか、という問いをめぐる考察と技術のことである。

統治されない技術、このようにしては、こうした犠牲を払っては統治されない技術と、ごくシンプルに呼びたいと思います。したがって批判の最初の定義として、次のような一般的な特徴付けを行いたい。このようには統治されない技術です。（傍点は引用者）

なぜこれが「批判」であり「啓蒙」であるのか。フーコーは、カントが啓蒙を歴史上の一時期ではなく人類の成年状態への移行という運動として捉えていることを指摘する。啓蒙とは、自己が他人の導きに身を委ねてみずからの力で考えようとしない未成年状態から決別すること、自分の悟性を使って自由に考えるという責任を、勇気をもって引き受けると決断することだとカントは論じていた。一定のリスクを引き受けて実践される理性の公的使用が啓蒙の実践であるからだ。

だがここにはやっかいな構造がある。人はどうやって未成年状態から脱出しようと決めるのか？　啓蒙の理念を引き受けて、いまがその時、啓蒙の時代であると意識することによってである、というのがカントの答えだった。フーコーはこの議論を足がかりとして、啓蒙に「意志と権威、理性の使用との間の既存の関係の変更」という定義を与える。

すなわち、統治論から見た「啓蒙」とは、自己の導きと他者の導きの関係によって構成される自己が、みずからの振る舞いのありようを問題化することで、いまみずからが置かれている統治の関係を変えることだ。人は啓蒙を意志し、勇気を出して、これをあえて引き受けることによって、啓蒙という集合的なプロセスに個人として主体的に加わるのである。この議論は、一九八二／八三年度コレージュ・ド・フランス講義『自己と他者の統治』の初回講義でコンテクストを含めて改めて詳細に取り上げられている。

現在が啓蒙の時代であるという感覚は、いまここを固有の時点として捉えるという近代に固有のものである。こうした時代感覚を、フーコーは、一九八三年に米国で行った同名の講演を元にしたとされるテキスト「啓蒙とは何か」（一九八四年）で、一九世紀の詩人ボードレールのダンディズムや「現代性《モデルニテ》」と重ね合わせる。

ここで「ダンディズム」とは、近代における自己への配慮の実践、ひとつの修練である。ただし、修道士の修練がいまある自己を徹底的に従属させ、いわば滅却することを通じた主体化であるのとは対照的なかたちで、ダンディズムは自己の倫理的な変容をもたらす。それは「みずからの身体、振る舞い、感情と情熱、そして生を芸術作品にする」修練としての自己の主体化である。

この修練としてのダンディズムとは、移りゆく時代の流行を追うのとは反対に、いまという瞬間的な時のなかにあって核となる永遠なもの、ボードレールによれば「英雄的なもの」を捉えることである。いまここを歴史上の一時点としてではなく、固有の時点と見なし、その特徴を探すことは選択に基づく「態度」なのだとフーコーは言う。

> 態度とは、現在に対する関わり方、ある人びとの自発的な選択である。つまり、考え、感じる仕方であり、また働きかけ、みずから振る舞う仕方のことだ。それはどこに属しているかを示すと同時に、なすべきこととして現れる。おそらく、ギリシアでかつ

て「エートス」と呼ばれていたもののようなことだ。

モダンな態度、あるいはダンディズムとは、自分がいま生きている時間を過去や現在とのつながりではなく、そこから切断されたものとして捉えたうえで、それについてみずからの思考と感性を頼りに捉えたうえで、自分がどのように振る舞うのかを意識的に選択することだ。そうした実践によって、その人はいまある自己の姿から身を引きはがして、その時代にとってふさわしい存在としてみずからを構成するのである。みずからの生をひとつの芸術作品にするとは、そのような「美的」な営みであり、「生存の美学」として考えられている。

さらに言えば、一般には「倫理」と訳される「エートス」だが、フーコーがここで考える「倫理《エートス》」とは、すでにある行動規範なり道徳秩序なりを受け入れて、それに従ってみずからのあり方を規定することではない。むしろ、第二章で古代哲学について論じたときに触れたように、みずからに働きかけることによってみずからのあり方を形成していくことだ。「自己への義務的な反逆」とフーコーによって形容されるこうした「倫理的」で「美的」な態度とは、「このようには統治されない技術」としての批判なのである。

そのような批判的な態度は、いまある導きを拒否し、異なる導きを求める、個人と集団による対抗導きへと通じる。ボードレールの現代性をめぐる議論そのものはよく知られたものだが、フーコーはそれを個人的かつ集団的なプロセスとして捉えられた啓蒙の概念と組み合わせることで、いまある支配的な導きとは別のところへと、勇気とともに自分（たち）を導こうとする、オルタナティブな主体化のあり方を見ているのである。

パレーシアから対抗導きへ

このような倫理的な実践と真理との関係、真理との関係によって自己の生をいかに構成するのか、という問いは、フーコーが死の三ヵ月前まで行ったコレージュ・ド・フランス講義の最後の二年間（前出の『自己と他者の統治』と、一九八三年／八四年度講義『真理の勇気』）で取り上げられる。その軸となったのは、古代ギリシアの「パレーシア」という概念だった。「ほんとうのことを述べる」とか「率直に述べる」として定義されるパレーシアという行いは、自分の信念に基づく「ほんとうのこと」を、みずからの身に危害がおよびかねないリスクをとって主張することだった。それはまず、市民や王が都市国家を導くという政治的な権力行使と強い関わりをもち、後には自己を導くという哲学上の倫理的な営みに関わるものとなった。フーコーはこのパレーシアの歴史を古代ギリシア史にたどり、とりわけ古典期（前六世紀末─前四世紀後半）における「政治的パレーシア」から「哲学的パレーシア」への移行に注目した。

ここで政治的パレーシアとは、都市国家との関係で行使される責任や義務、あるいは権利との関係で問題とされる。たとえば、民会に集まったアテナイ市民の大勢に抗して、自分の地位を危うくするリスクを背負いながら自分が正しいと思う政治方針を述べる政治家ペリクレスの演説であったり、ギリシア悲劇の『イオン』や『オイディプス王』にあるように、みずからがほんとうに王にふさわしいかを確かめたりすることに関わるのである(出自の真相が明らかになることで、イオンは王となるが、オイディプスはみずからを追放することになる)。

真理が自己と他者の統治と関わるという論点は、これまで見てきたとおりだが、フーコーはこれをカントからボードレールに至る批判としての生存の美学とはっきり交錯させる。哲学的パレーシアにおける導きの対象、自己への配慮の対象として認識されるのは「生《ビオス》」、つまり自己の存在のあり方、生き方であると述べる。そして、ソクラテスに死を宣告した民主制を退け、哲人王を育てることで理想の政治を実現しようとして挫折したプラトンではなく、その同時代人で「気の触れたソクラテス」とプラトンに言わせたシノペのディオゲネスらのキュニコス(犬儒)派に、「ほんとうの生」の実践、生を通して真理を現出させる営みを見るのである。

自然に適った生のすべてを公然と行うことに一切の問題はない。そう主張するキュニコス派の人びとは、樽で生活したり、自分から訪ねてきたアレクサンドロス三世に陽ざしが当たらないから退けと命じたりなど、耳目を引くエピソードに事欠かない。その意味でもフーコー好みであろうかれらの真の効果は、哲学における真理と主体の関係をスキャンダラスに、またドラマチックに開くことにある。哲学は、私的空間で友愛という親密な関係とともに営まれるのではなく、公的空間で哲学者が身体を張って行われるのである。

フーコーはとくにディオゲネスの「貨幣の価値を変えよ」という有名な呼びかけを引き合いに出す。ここでいう「貨幣《ノミスマ》」とは金銭だけではなく、法《ノモス》に関わるものだ。ディオゲネスが主張するのは、そうしたノミスマのほんとうの価値を見定めて、価値そのものを変えること、社会的な通念を人間の自然的なあり方との関係で問い直すことだとフーコーは言う。

ノミスマとは貨幣のことで、ノモスとは法のことです。貨幣の価値を変えることとはまた、慣習や規則、法となっていることがらに、一定の態度を取ることです。(略) 硬貨がほんとうの価値を偽らないようにすること、より優れた、もっとふさわしい別の肖像を刻むことで、本来の価値を取り戻してやること、これこそが貨幣の価値を変えよ、変質させよという、かくも重要な、キュニコス派の原則によって規定されていることなのです。

キュニコス派の考える哲学的生とは、公的生活から身を引いてしまうことではない。むしろ、現在の社会秩序を批判的に捉え、そこから見いだされた真実をみずから表明することを通じて、真理の主体になること、みずからの導きのあり方を変更することなのである。もちろん歴史的に見れば、キュニコス派のコスモポリタニズムや修練、貧困、自足といった考え方は初期キリスト教の修道生活に影響を与えた。この意味で、ほんとうのことを腹蔵なく語るというパレーシアの主な後継者は、哲学からキリスト教へと移ることになる。ただし、そのうえでフーコーが強調するのは、自己へのはたらきかけによって生に形式を与えること、強い意味での固有のライフスタイルを確立することの重視というこの学派の傾向だった。

他方でフーコーは、キュニコス派の近代的な後継者として、修練重視の宗教実践、革命政治、前衛的な芸術運動の三つを挙げる。これらはすべて既存の導き、社会規範や因習と決別し、真理と関係を結び直して、ほんとうの生を生きるという生存の美学の実践であるからだ。

第二章で述べたように、フーコーが自己と他者の統治を古代に遡って考察したことの大きなねらいは、「真理」には二つの種類があることを示すことだった。すなわち、一定の手続きを踏めば誰にでもアクセスできるような客観的な真理と、みずからの主体を変容させなければ知ることができず、そしてそれを知ることによって自己に変容がもたらされる主観的な真理である。

このような主体を変えるという意味で「霊的な」真理と主体との関わりが「哲学的生」と呼ばれる。ここには学説史という意味での哲学史とは異なる、もうひとつの哲学史があるとフーコーは言う。

教説の歴史ではなく、生の形式、様態、スタイルの歴史としての哲学史。それは哲学的問題としての哲学的生の歴史であると同時に、存在のあり方としての、倫理的かつ英雄的な形式としての哲学的生の歴史です。

統治という「自由な」空間のなかで、いまある導きを拒絶し、異なる方向へとみずからを導こうとする哲学的な営みには長い歴史があるとする一方で、政治とは、「このようには統治されない技術」であり、それは統治が生じた最初のときからつねに存在してきたのだとフーコーは述べる。

こうした「哲学的生の歴史」とは、統治の歴史であるからこそ対抗導きの歴史である。それは、いま現在ここにあるものがこれまでもあったし、これからもあるだろうという思い込みからみずからを断ち切るという決断に基づく経験によって編まれてきた。

そうした切断は、あるときなんらかのきっかけで不意に生じ、それが大きな流れとなることは歴史が証明している。政治経済的な要因では説明しきれない何かが起きるとき、その原動力となるのが、フーコーの統治論からすれば、このようには統治されたくないという耐えがたさと拒否の意志であり、みずからがいまという固有な時のただなかにいるという、ここから先はみずからの選択によって変わりうるという、モダンな――時代区分としての「近代」には限られない「いま」についての――感覚なのである。

こうした感覚に身を置き、そこで捉えられた主観的な「真理」を経験することで、私たちは分断されたばらばらの個人であることを止めて、いまとは別の、みずからの外にある（と思っていた）人や物事とつながる個人という主体として、またさまざまなスケールの集合的な主体として、みずからを構成することができるのである。

第三章で触れた新自由主義型統治とは、そうした私たちに備わるみずからを導く力を、企業化された個人というきわめて限定した枠組みで捉える。そのうえで、オルタナティブはない、この道しかないのだとひたすら説くことで、集合的実践の不可能性を私たちに信じさせて、導きのエネルギーを制御し、分断し、利用しようとする。逆に言えば、導く力をもつ私たちには、対抗導きの可能性はつねにすでに備わっているのである。

＊

第一章で紹介したパノプティコンは、そこで設計された権力がなめらかに作用することは、実際には決してないという意味で、いわば権力のユートピアである。権力論を練り上げる過程にあった一九七〇年代初頭のフーコーは、一九七二／七三年度コレージュ・ド・フランス講義『処罰社会』で、初期近代の民衆蜂起に言及するなかで、人びとの「爆発的なエネルギー」こそが、権力関係の源であると論じてもいた。そうした「下からの」エネルギーを吸い上げ、方向づけるために管理と監視のしくみを整備してきた現代社会は、実際のところ、『監獄の誕生』の末尾で書かれているように、怒号や叫び、闘いのとどろきにあふれている。

たしかに、後期フーコーのいう「自己への配慮」とは、先の見えない社会のなかで、一定のリスクをとり、みずからの生にはたらきかけて、そのありようを変えていくという意味での「セルフ・マネジメント」だ。現代は、たとえば自己管理や自己啓発というかたちで、企業化された「自己」を社会の変化に適応させよ、将来的なリスクをコントロールせよという呼びかけにあふれている。その強迫的なトーンは、「現状からの転落」への恐れとセットになっている。そこでのぴんと張りつめた感覚は、自己と他者への暴力や排除、なんらかの「敵」を見いだし、攻撃することにも容易につながりうる。

しかし、そうした「自己責任」によって馴致され、企業化された個人という「セルフ」とは異なる主体を作り出す営みとして、セルフ・マネジメントを考えることもできるだろう。自己管理ではなく「自主管理」としてのセルフ・マネジメントである。この言葉はこれまでも、共有されている――つまり、誰かのものではない――「わたしたち」の場をみずから管理運営することを指してきた。その範囲は、コモンとされる土地や資源、抗議行動のために設営された場所、元の管理者がいなくなったり占拠されたり、自分たちで立ち上げたりした施設や事業所から、コミューンやソヴィエトという歴史的には二重政権《デュアル・パワー》（＝権力」と呼ばれてきたものにまで及ぶ。

そうした場を自分たちで管理するという集合的な実践によって「わたしたち」は生まれる。あるいは個人はいままでとは別の個人になる。そこでの（つねに楽しいわけではない）経験は、集合的なものであるからこそ、贅沢であり美的なものともなりうるからだ。統治論では「自己」に大きさの制限がない。だとすれば、自己への配慮や生存の美学の単位である自己についても、別のスケールで、いまあるものではないオルタナティブな性質をもつものとして構想することができるだろう。

そうした選択にはリスクと責任がやはり伴う。愉快であるとは限らない。そうであるからこそ、私たちはなおのこと、いま私たちがどのように組織されているのかを分析したうえで、別のかたちでみずからを組織することに目を向ける必要がある。それはまた、日本と世界でこれまでに起きた、またいま起きているさまざまな力強い実践に触れることを通じて、みずからの力に気づくことでもあるだろう。そのことによって私たちもまた哲学的生の歴史の一部となるのである。

読書案内

フーコーの関心領域は人文学・社会科学を驚くべき範囲でカバーしている。コレージュ・ド・フランスでの講座名「思考システムの歴史」はその業績にふさわしいだろう。フーコーは一九六〇年代を通じて、同じ時代に存在し、一見隔たりあった学知や実践が水面下で共有するシステムや規則について、その非連続的な展開を明らかにする研究を「考古学」と名づけた。そして、一九六一年（以下、すべて原著の出版年）に博士論文『狂気と非理性』として出版された『**狂気の歴史**』（新潮社）では、西洋社会における「狂気」を歴史的な「経験」として捉え、その変遷を考察した。次作『**臨床医学の誕生**』（一九六三年、みすず書房）は、個人を知の対象とする近代医学を対象に、その成立には病と死への新たな認識があったと論じた。そして『**言葉と物**』（一九六六年、新潮社）は、西洋の人間科学を広範に扱い、その展開を共通の基盤である「エピステーメ」の断絶的な移行として描いた。このように展開されたアプローチを方法論的に練り上げたのが『**知の考古学**』（一九六九年、河出文庫）である。一九七〇年代には、権力と真理、主体に力点を置いた歴史分析が「系譜学」と名づけられる。『**監獄の誕生**』（一九七五年、新潮社）では本文で論じた規律権力論が、『**知への意志**』（一九七六年、同）では生政治論が素描されて、権力論の拡張が図られる。『**快楽の活用**』（一九八四年、同）と『**自己への配慮**』（一九八四年、同）は古代ギリシア・ローマを、死後出版である『**肉の告白**』（二〇一八年、同）は教父時代と初期修道制を対象とし、全体として異教世界から中世キリスト教社会までの真理と主体性の関係性を扱った。『**ピエール・リヴィエール**』

（一九七三年、河出文庫）と『**エルキュリーヌ・バルバン**』（一九七八年、人文書院近刊）は、それぞれ一九世紀半ばの尊属殺人者とインターセックス当事者の手記と関連文書（前者はコレージュ・ド・フランスでのセミナーの成果物も含まれる）であり、一九世紀の医学的な知－権力と交錯した人びとの記録として出版されている。また『**家族の騒動**』（一九八二年、日本語訳なし）は、第一章で触れた封印令状をアーカイブから選んで収録したものである。

また主要なテキストとしては、発言やさまざまなテキストをまとめた *Dits et écrits*（日本語では『**ミシェル・フーコー思考集成**』として筑摩書房から全一〇巻で刊行。ちくま学芸文庫の『**フーコー・コレクション**』は日本独自の選集）が、またコレージュ・ド・フランスで一九七〇年から八四年まで行われた講義が全一三巻で刊行されている（本書で取り上げた『**処罰社会**』『**精神医学の権力**』『**安全・領土・人口**』『**生政治の誕生**』『**生者たちの統治**』『**主体の解釈学**』『**自己と他者の統治**』『**真理の勇気**』の日本語訳は『**ミシェル・フーコー講義集成**』として筑摩書房から刊行）。就任講演は『**言説の領界**』（一九七一年、河出文庫）として出版されている。さらに遺稿の整理が進むなかで、新たなテキストや講義録の出版も続いており、一部は日本語訳も準備中である。最近では『**フーコー文学講義**』（ちくま学芸文庫）、『**狂気・言語・文学**』（法政大学出版局）の二冊が刊行され、一九六〇年代から七〇年代にかけての文学論にも新たな光が当てられている。

フーコーの生涯や思想の全体像についての見取り図については、**慎改康之**『**ミシェル・フーコー**』（岩波新書）、**同**『**フーコーの言説**』（筑摩選書）、**フレデリック・グロ**『**フーコー**』（文庫クセジュ）、**ガリ**

ー・ガッティング『**フーコー**』（岩波書店）、**ジル・ドゥルーズ**『**フーコー**』（河出文庫）、**ディディエ・エリボン**『**ミシェル・フーコー伝**』（新潮社）などを参照していただきたい。後期思想の全体像は、フーコーが一九八一年にベルギーで行った連続講義の記録である『**悪をなし真実を言う**』（河出書房新社）で知ることができる。

日本語の研究書はいくつも刊行されているが、本書の議論との関連性では、**佐藤嘉幸**『**権力と抵抗**』、**同**『**新自由主義と権力**』（ともに人文書院）、**酒井隆史**『**完全版　自由論**』（河出文庫）を挙げる。また、市田良彦と小泉義之のフーコー論もぜひ参照されたい。本書のもとになった**拙著**『**フーコーの闘争**』（慶應義塾大学出版会）も手に取っていただければ幸いである。また、最近の研究論文集として『**フーコー研究**』（岩波書店）、『**ミシェル・フーコー『コレージュ・ド・フランス講義』を読む**』（水声社）がある。この二冊での議論、および参照されている二次文献からは、二一世紀初頭のフーコー研究と受容のありようを知ることができる。最近の翻訳では、**マイケル・ハート／アントニオ・ネグリ**『**アセンブリ**』（岩波書店）、**ウェンディ・ブラウン**『**新自由主義の廃墟で**』（人文書院）が新自由主義型統治とそれに抗する闘争のあり方について、フーコー的な観点を強く打ち出した考察を展開している。

おわりに

フーコーにかんする研究はこの四半世紀で中身も水準も大きく変化した。一次文献の翻訳はもとより、優れた研究や解説が日本語環境でいくつも公にされ、全体像についてもバランスの取れたものが入手できるようになっている。後期フーコーの統治論という限定的な対象を扱う本書が入門書として成立するのはそのおかげにほかならない。これまでフーコー研究に携わってこられたすべての方々に敬意を表したい。

筆者は現在、社会哲学への思想史的関心に加えて、ラディカルな気候運動、採取主義《エクストラクティヴィズム》、ロジスティクスといった現代資本主義の現状と深く関わる一連の事柄に注目している。そのような展望が開けたのは、フーコーを読んでいたからこそだった。今日におけるオルタナティブな政治をいかに構築するのか？　そこに現代思想はどう関与しうるのか？　筆者はフーコーを土台にこうした問いを深めたいと考えている。現状を解説することではなく、未来を構想すること——温暖化の進行速度を考えれば残された時間はきわめて限られている——にこそ、哲学・思想史の関心からフーコーを読むことの大きな意義があると筆者は考える。

本書は二〇二二年度の天理大学特別研究員制度の期間中に執筆した。フンボルト大学べルリンでの受入先を引き受けていただいたManuela Bojadžijev教授、ならびに同大学の附置研究所Berliner Institut für empirische Integrations- und Migrationsforschungに関わる皆さんとの議論を通じて、社会思想史の批判的伝統の今日的意義を改めて認識する機会を得た。記して感謝する。

なお本書には、筆者がこれまでに発表したものを利用し、再構成した箇所がある。本書で論じたことがらを細かく知りたい方は、拙著『フーコーの闘争』（慶應義塾大学出版会）や本書巻末の「読書案内」を参照されたい。文献の引用箇所については、新書の慣行にならって注釈として逐次挙げることはしていない。あわせてご理解いただきたい。

最後になるが、講談社編集部の皆さん、とくに執筆の提案をしていただき、忍耐強く最後まで伴走してくださった栗原一樹さんと、最も鋭い批評者である高岡智子に感謝する。

秋の深まるベルリンにて

二〇二二年一〇月

N.D.C. 135　104p　18cm
ISBN978-4-06-530458-7

講談社現代新書　2690

今《いま》を生《い》きる思想《しそう》

ミシェル・フーコー　権力《けんりょく》の言《い》いなりにならない生《い》き方《かた》

二〇二二年一二月二〇日第一刷発行　二〇二四年一一月五日第二刷発行

著者　箱田《はこだ》徹《てつ》　

発行者　篠木和久
発行所　株式会社講談社
東京都文京区音羽二丁目一二―二一　郵便番号一一二―八〇〇一
電話　〇三―五三九五―三五二一　編集（現代新書）
〇三―五三九五―四四一五　販売
〇三―五三九五―三六一五　業務
装幀者　中島英樹／中島デザイン
印刷所　株式会社ＫＰＳプロダクツ
製本所　株式会社国宝社
定価はカバーに表示してあります　Printed in Japan

「講談社現代新書」の刊行にあたって

教養は万人が身をもって養い創造すべきものであって、一部の専門家の占有物として、ただ一方的に人々の手もとに配布され伝達されうるものではありません。

しかし、不幸にしてわが国の現状では、教養の重要な養いとなるべき書物は、ほとんど講壇からの天下りや単なる解説に終始し、知識技術を真剣に希求する青少年・学生・一般民衆の根本的な疑問や興味は、けっして十分に答えられ、解きほぐされ、手引きされることがありません。万人の内奥から発した真正の教養への芽ばえが、こうして放置され、むなしく滅びさる運命にゆだねられているのです。

このことは、中・高校だけで教育をおわる人々の成長をはばんでいるだけでなく、大学に進んだり、インテリと目されたりする人々の精神力の健康さえもむしばみ、わが国の文化の実質をまことに脆弱なものにしています。単なる博識以上の根強い思索力・判断力、および確かな技術にささえられた教養を必要とする日本の将来にとって、これは真剣に憂慮されなければならない事態であるといわなければなりません。

わたしたちの「講談社現代新書」は、この事態の克服を意図して計画されたものです。これによってわたしたちは、講壇からの天下りでもなく、単なる解説書でもない、もっぱら万人の魂に生ずる初発的かつ根本的な問題をとらえ、掘り起こし、手引きし、しかも最新の知識への展望を万人に確立させる書物を、新しく世の中に送り出したいと念願しています。

わたしたちは、創業以来民衆を対象とする啓蒙の仕事に専心してきた講談社にとって、これこそもっともふさわしい課題であり、伝統ある出版社としての義務でもあると考えているのです。

一九六四年四月　野間省一

哲学・思想Ⅰ

66 哲学のすすめ――岩崎武雄
159 弁証法はどういう科学か 三浦つとむ
501 ニーチェとの対話――西尾幹二
871 言葉と無意識――丸山圭三郎
898 はじめての構造主義 橋爪大三郎
916 哲学入門一歩前――廣松渉
921 現代思想を読む事典 今村仁司 編
977 哲学の歴史――新田義弘
989 ミシェル・フーコー 内田隆三
1001 今こそマルクスを読み返す 廣松渉
1286 哲学の謎――野矢茂樹
1293 「時間」を哲学する――中島義道
1315 じぶん・この不思議な存在――鷲田清一
1357 新しいヘーゲル――長谷川宏
1383 カントの人間学――中島義道
1401 これがニーチェだ――永井均
1420 無限論の教室――野矢茂樹
1466 ゲーデルの哲学――高橋昌一郎
1575 動物化するポストモダン 東浩紀
1582 ロボットの心――柴田正良
1600 ハイデガー＝存在神秘の哲学――古東哲明
1635 これが現象学だ――谷徹
1638 時間は実在するか 入不二基義
1675 ウィトゲンシュタインはこう考えた 鬼界彰夫
1783 スピノザの世界――上野修
1839 読む哲学事典――田島正樹
1948 理性の限界――高橋昌一郎
1957 リアルのゆくえ――大塚英志 東浩紀
1996 今こそアーレントを読み直す――仲正昌樹
2004 はじめての言語ゲーム――橋爪大三郎
2048 知性の限界――高橋昌一郎
2050 超解読！ はじめてのヘーゲル『精神現象学』 竹田青嗣 西研
2084 はじめての政治哲学 小川仁志
2099 超解読！ はじめてのカント『純粋理性批判』 竹田青嗣
2153 感性の限界――高橋昌一郎
2169 超解読！ はじめてのフッサール『現象学の理念』――竹田青嗣
2185 死別の悲しみに向き合う――坂口幸弘
2279 マックス・ウェーバーを読む――仲正昌樹

哲学・思想Ⅱ

13 論語——貝塚茂樹
285 正しく考えるために 岩崎武雄
324 美について——今道友信
1007 日本の風景・西欧の景観——オギュスタン・ベルク 篠田勝英 訳
1123 はじめてのインド哲学 立川武蔵
1150 「欲望」と資本主義——佐伯啓思
1163 「孫子」を読む——浅野裕一
1247 メタファー思考——瀬戸賢一
1248 20世紀言語学入門 加賀野井秀一
1278 ラカンの精神分析——新宮一成
1358 「教養」とは何か——阿部謹也
1436 古事記と日本書紀 神野志隆光
1439 〈意識〉とは何だろうか 下條信輔
1542 自由はどこまで可能か 森村進
1544 倫理という力——前田英樹
1560 神道の逆襲——菅野覚明
1741 武士道の逆襲——菅野覚明
1749 自由とは何か——佐伯啓思
1763 ソシュールと言語学——町田健
1849 系統樹思考の世界——三中信宏
1867 現代建築に関する16章 五十嵐太郎
2009 ニッポンの思想——佐々木敦
2014 分類思考の世界——三中信宏
2093 ウェブ×ソーシャル×アメリカ 池田純一
2114 いつだって大変な時代——堀井憲一郎
2134 いまを生きるための思想キーワード——仲正昌樹
2155 独立国家のつくりかた 坂口恭平
2167 新しい左翼入門——松尾匡
2168 社会を変えるには——小熊英二
2172 私とは何か——平野啓一郎
2177 わかりあえないことから 平田オリザ
2179 アメリカを動かす思想 小川仁志
2216 まんが 哲学入門——森岡正博 寺田にゃんこふ
2254 教育の力——苫野一徳
2274 現実脱出論——坂口恭平
2290 闘うための哲学書——小川仁志 萱野稔人
2341 ハイデガー哲学入門 仲正昌樹
2437 ハイデガー『存在と時間』入門——轟孝夫

宗教

27 禅のすすめ——佐藤幸治

135 日蓮——久保田正文

217 道元入門——秋月龍珉

606 「般若心経」を読む——紀野一義

667 生命《いのち》あるすべてのものに　マザー・テレサ

698 神と仏——山折哲雄

997 空と無我——定方晟

1210 イスラームとは何か——小杉泰

1469 ヒンドゥー教　クシティ・モーハン・セーン　中川正生 訳

1609 一神教の誕生——加藤隆

1755 仏教発見！——西山厚

1988 入門　哲学としての仏教　竹村牧男

2100 ふしぎなキリスト教——橋爪大三郎 大澤真幸

2146 世界の陰謀論を読み解く——辻隆太朗

2159 古代オリエントの宗教　青木健

2220 仏教の真実——田上太秀

2241 科学vs.キリスト教——岡崎勝世

2293 善の根拠——南直哉

2333 輪廻転生——竹倉史人

2337 『臨済録』を読む——有馬頼底

2368 「日本人の神」入門——島田裕巳

Ⓒ

政治・社会

1145 冤罪はこうして作られる　小田中聰樹
1201 情報操作のトリック　川上和久
1488 日本の公安警察──青木理
1540 戦争を記憶する──藤原帰一
1742 教育と国家──高橋哲哉
1965 創価学会の研究──玉野和志
1977 天皇陛下の全仕事──山本雅人
1978 思考停止社会──郷原信郎
1985 日米同盟の正体──孫崎享
2068 財政危機と社会保障──鈴木亘
2073 リスクに背を向ける日本人　山岸俊男／メアリー・C・ブリントン
2079 認知症と長寿社会──信濃毎日新聞取材班
2115 国力とは何か──中野剛志
2117 未曾有と想定外──畑村洋太郎
2123 中国社会の見えない掟　加藤隆則
2130 ケインズとハイエク　松原隆一郎
2135 弱者の居場所がない社会　阿部彩
2138 超高齢社会の基礎知識　鈴木隆雄
2152 鉄道と国家──小牟田哲彦
2183 死刑と正義──森炎
2186 民法はおもしろい──池田真朗
2197 「反日」中国の真実──加藤隆則
2203 ビッグデータの覇者たち──海部美知
2246 愛と暴力の戦後とその後──赤坂真理
2247 国際メディア情報戦──高木徹
2294 安倍官邸の正体──田﨑史郎
2295 福島第一原発事故 7つの謎　NHKスペシャル『メルトダウン』取材班
2297 ニッポンの裁判──瀬木比呂志
2352 警察捜査の正体──原田宏二
2358 貧困世代──藤田孝典
2363 下り坂をそろそろと下る　平田オリザ
2387 憲法という希望──木村草太
2397 老いる家 崩れる街　野澤千絵
2413 アメリカ帝国の終焉　進藤榮一
2431 未来の年表──河合雅司
2436 縮小ニッポンの衝撃　NHKスペシャル取材班
2439 知ってはいけない──矢部宏治
2455 保守の真髄──西部邁

世界史Ⅰ

834 ユダヤ人——上田和夫
930 フリーメイソン——吉村正和
934 大英帝国——長島伸一
968 ローマはなぜ滅んだか 弓削達
1017 ハプスブルク家——江村洋
1019 動物裁判——池上俊一
1076 デパートを発明した夫婦 鹿島茂
1080 ユダヤ人とドイツ——大澤武男
1088 ヨーロッパ「近代」の終焉——山本雅男
1097 オスマン帝国——鈴木董
1151 ハプスブルク家の女たち 江村洋
1249 ヒトラーとユダヤ人 大澤武男
1252 ロスチャイルド家 横山三四郎
1282 戦うハプスブルク家 菊池良生
1283 イギリス王室物語——小林章夫
1321 聖書vs.世界史——岡崎勝世
1442 メディチ家——森田義之
1470 中世シチリア王国——高山博
1486 エリザベスⅠ世——青木道彦
1572 ユダヤ人とローマ帝国 大澤武男
1587 傭兵の二千年史——菊池良生
1664 新書ヨーロッパ史 中世篇 堀越孝一 編
1673 神聖ローマ帝国——菊池良生
1687 世界史とヨーロッパ 岡崎勝世
1705 魔女とカルトのドイツ史——浜本隆志
1712 宗教改革の真実——永田諒一
2005 カペー朝——佐藤賢一
2070 イギリス近代史講義——川北稔
2096 モーツァルトを「造った」男——小宮正安
2281 ヴァロワ朝——佐藤賢一
2316 ナチスの財宝——篠田航一
2318 ヒトラーとナチ・ドイツ 石田勇治
2442 ハプスブルク帝国——岩﨑周一

世界史Ⅱ

959 東インド会社――浅田實
971 文化大革命――矢吹晋
1085 アラブとイスラエル　高橋和夫
1099 「民族」で読むアメリカ　野村達朗
1231 キング牧師とマルコムX　上坂昇
1306 モンゴル帝国の興亡〈上〉――杉山正明
1307 モンゴル帝国の興亡〈下〉――杉山正明
1366 新書アフリカ史――宮本正興・松田素二 編
1588 現代アラブの社会思想　池内恵
1746 中国の大盗賊・完全版――高島俊男
1761 中国文明の歴史――岡田英弘
1769 まんが　パレスチナ問題　山井教雄
1811 歴史を学ぶということ　入江昭
1932 都市計画の世界史――日端康雄
1966 〈満洲〉の歴史――小林英夫
2018 古代中国の虚像と実像　落合淳思
2025 まんが　現代史――山井教雄
2053 〈中東〉の考え方――酒井啓子
2120 居酒屋の世界史――下田淳
2182 おどろきの中国　橋爪大三郎　大澤真幸　宮台真司
2189 世界史の中のパレスチナ問題　臼杵陽
2257 歴史家が見る現代世界　入江昭
2301 高層建築物の世界史　大澤昭彦
2331 続　まんが　パレスチナ問題　山井教雄
2338 世界史を変えた薬　佐藤健太郎
2345 鄧小平――エズラ・F・ヴォーゲル　聞き手＝橋爪大三郎
2386 〈情報〉帝国の興亡――玉木俊明
2409 〈軍〉の中国史――澁谷由里
2410 入門　東南アジア近現代史　岩崎育夫
2445 珈琲の世界史――旦部幸博
2457 世界神話学入門――後藤明
2459 9・11後の現代史　酒井啓子